곁에 두고 보는 **사자성어**

곁에 두고 보는 사자성어(四字成語)

초판 1쇄 발행 2020년 7월 7일
초판 5쇄 발행 2024년 12월 5일

편저자 장개충
펴낸이 이환호
펴낸곳 나무의꿈

등록번호 제 10-1812호
주 소 경기도 의왕시 내손로 14, 204동 502호 (내손동, 인덕원 센트럴 자이 A)
전 화 031)425-8992 **팩 스** 031)425-8993

ISBN 978-89-91168-89-3 03700

곁에 두고 보는

사자성어 四字成語

장개충 편저

나무의 꿈

책머리에

◉ 세상을 바라보는 지혜의 눈

곁에 두고 보는 사자성어는 현대를 살면서 반드시 알아두고 익혀야 할 지혜의 눈이다. 비록 짧은 어구(語句)지만 그 속에는 선인들의 지혜가 번뜩이는 가운데 우리가 배워야 할 인생의 참의미가 담겨 있다.

◉ 신문·칼럼 및 각종 퀴즈에서 뽑은 실전문제 총정리

사자성어는 고사성어와 더불어 오랫동안 우리 일상생활 속에 뿌리박혀 활용되어 왔다. 그러므로 각종 시험과 퀴즈에 빈도 높게 출제되고 있다.

◉ 한 번 보면 근본적으로 이해된다.

이 교재는 단순 암기를 떠나 한 번만 보아도 근본적으로 이해되도록 구성하였다. 알기 쉬운 뜻풀이와 한자풀이, 이해에 도움이 되고자 그 유래를 요약해 실었다. 그리고 뜻이 같은 유의어와 반의어도 함께 실어 활용과 응용의 폭을 넓혔다.

◉ 보다 쉽고 찾기 쉬운 사전적 구성과 현대적 감각

출제 빈도가 높으면서 꼭 알고 반드시 숙지해야 할 사자성어를 사전적으로 구성하여 접근성을 높였다. 일상생활에서 이 교재를 가까이 두고 익혀가는 동안 어느새 세상을 바라보는 지혜의 눈이 번쩍 떠져 있음을 재발견하게 될 것이다.

2020년 6월에
편저자 씀

가가대소

呵	呵	大	笑
껄껄 웃을 가	껄껄 웃을 가	큰 대	웃을 소

대단히 우스워서 큰 소리로 껄껄 웃는 웃음.

가가호호

家	家	戶	戶
집 가	집 가	지게 호	지게 호

집집마다. 각 집과 각 호(戶).

가계야치

家	鷄	野	雉
집 가	닭 계	들 야	꿩 치

'집에서 키우는 닭보다 들에 있는 꿩을 탐낸다'는 뜻으로, 집안에 있는 귀한 것을 버리고 밖에 있는 쓸데없는 것을 탐함. 본처(本妻)보다 첩(妾)을 더 사랑함의 비유. 유의어 家鷄野鶩(가계야무).

가고가하

可	高	可	下
옳을 가	높을 고	옳을 가	아래 하

어진 사람은 높은 지위에 있어도 교만하지 않고, 낮은 지위에 있어도 떳떳함을 잃지 않음.

가담항설

길거리 가 · 이야기 담 · 거리 항 · 말씀 설

길거리나 항간에 떠도는 소문. 세상의 하찮은 이야기나 뜬소문.
유의어 巷語(항어), 道聽塗說(도청도설).

가도벽립

집 가 · 무리 도 · 바람벽 벽 · 설 립

살림이 매우 가난하여 궁핍함. 집안에 살림살이라고는 하나도 없고 남은 것이
란 고작 사면의 벽이 깎아지른 듯이 솟아 있을 뿐이다.
유의어 家徒四壁(가도사벽), 家道壁立(가도벽립).

가동주졸

거리 가 · 아이 동 · 달릴 주 · 군사 졸

길거리에서 노는 철없는 아이. 또는 일정한 목적이나 주견 없이 그저 돌아다니
는 졸장부. 철부지.

가렴주구

가혹할 가 · 거두어들일 렴 · 벌줄 주 · 구할 구

가혹한 정치. 세금 등을 가혹하게 거두어 들이며 재물을 빼앗음. 혹정(酷政).
유의어 苛政猛於虎(가정맹어호).

가롱성진

거짓 가 | 희롱할 롱 | 이룰 성 | 참 진

'실없이 한 말이 참말 된다'는 뜻으로, 처음에 장난삼아 실없이 한 말이 진심으로 한 것 같이 정말로 된다는 뜻. 유의어 弄假成眞(농가성진).

가빈사처

집 가 | 가난할 빈 | 생각 사 | 아내 처

'집안이 가난해지면 살림을 알뜰하게 꾸려주던 어진 아내를 생각하게 된다'는 뜻으로, 곤란한 일에 처하면 그것을 도와줄 사람을 기다리게 됨을 일컬음. 유의어 糟糠之妻(조강지처).

가빈친로

집 가 | 가난할 빈 | 어버이 친 | 늙을 로

집이 가난하고 어버이가 늙었을 때는 그 봉양을 위해 마땅치 않은 벼슬자리 라도 해야 한다는 뜻.

가인박명

아름다울 가 | 사람 인 | 얇을 박 | 목숨 명

'미인은 명이 짧다'는 뜻으로, 용모가 너무 아름답고 재주가 많으면 불행해지거나 명이 짧음. 유의어 美人薄命(미인박명), 多才多病(다재다병).

각고면려

刻	苦	勉	勵
새길 각	괴로울 고	힘쓸 면	힘쓸 려

고생을 무릅쓰고 열심히 노력함. 유의어 刻苦勉學(각고면학).

각곡유목

刻	鵠	類	鶩
새길 각	고니 곡	무리 유(류)	집오리 목

'고니를 그리려다가 잘못되어도 집오리는 된다'는 뜻으로, 학문에 열중하면 그만큼 정진이 있다는 말.

각골난망

刻	骨	難	忘
새길 각	뼈 골	어려울 난	잊을 망

'뼈에 사무치도록 못 잊는다'는 뜻으로, 입은 은혜에 대한 고마움을 뼈에 새기어 결코 잊지 아니함.

각골명심

刻	骨	銘	心
새길 각	뼈 골	새길 명	마음 심

'뼈에 새기고 마음에 새겨 둔다'는 뜻으로, 영원히 잊어버리지 않음.

각골통한

새길 각 / 뼈 골 / 아플 통 / 한할 한

'사무친 원한'이란 뜻으로, 뼈에 사무치도록 깊이 맺힌 원한.
유의어 刻骨之痛(각골지통).

각양각색

제각기 각 / 모양 양 / 제각기 각 / 빛 색

여러 가지. 가지가지.

각자도생

제각기 각 / 스스로 자 / 꾀할 도 / 날 생

'각자의 자기의 삶을 꾀한다'의 뜻으로, 인생은 제각기 살아나갈 방도를 꾀함.

각자무치

뿔 각 / 놈 자 / 없을 무 / 이 치

'뿔이 있는 짐승은 날카로운 이가 없다'는 뜻으로, 한 사람이 모든 재주나 복을
다 가질 수 없다는 말.

各	自	爲	政	각자위정
제각기 각	스스로 자	할 위	정사 정	

사람이 각자 자기 멋대로 행동하며 딴마음을 먹음.

刻	舟	求	劍	각주구검
새길 각	배 주	구할 구	칼 검	

'뱃전에 잃어버린 칼을 표시한다'는 뜻으로, 판단력이 둔하고 어리석음. 곧 융통성이 없음. 유의어 尾生之信(미생지신), 守株待兎(수주대토).

艱	難	辛	苦	간난신고
어려울 간	어려울 난	매울 신	쓸 고	

'매우 어렵고, 맵고, 쓰다'의 뜻으로, 몹시 힘들고 고생스러움을 일컬음.
유의어 艱辛(간신), 辛苦(신고).

肝	腦	塗	地	간뇌도지
간 간	뇌 뇌	진흙 도	땅 지	

'간장과 뇌수를 땅바닥에 칠한다'는 뜻으로, 끔찍하게 죽은 모습. 또는 나라를 위하여 목숨을 돌보지 아니함. 유의어 一敗塗地(일패도지).

간단명료

簡	單	明	瞭
편지 간	홑 단	밝을 명	밝을 료

간단하고 분명함.

간담상조

肝	膽	相	照
간 간	쓸개 담	서로 상	비출 조

'간과 쓸개를 서로 내놓고 보인다'는 뜻으로, 서로 속마음을 터놓고 가까이 사귐. 유의어 披肝膽(피간담).

간담초월

肝	膽	楚	越
간 간	쓸개 담	초나라 초	월나라 월

'간과 쓸개가 초나라와 월나라 사이만큼 멀다'는 뜻으로, 보는 것에 따라서 비슷한 것일지라도 서로 전혀 다르게 보이고, 가까운 것일지라도 아주 멀리 보임을 일컬음. 유의어 肝膽胡越(간담호월).

간두지세

竿	頭	之	勢
장대 간	머리 두	어조사 지	기세 세

'장대 끝의 기세'라는 뜻으로, 매우 위험한 지경을 일컬음.
유의어 百尺竿頭(백척간두).

簡	髮	而	櫛	간발이즐
가릴 간	머리털 발	어조사 이	빗질할 즐	

'머리카락을 한 가닥씩 골라서 빗질을 한다'는 뜻으로, 본래의 목적에서 벗어나 자질구레한 일에 얽매이는 것으로, 힘이 많이 들고 효과가 적은 일.

揀	佛	燒	香	간불소향
가릴 간	부처 불	불사를 소	향기 향	

'부처를 골라 향을 피운다'는 뜻으로, 사람을 차별함.

間	不	容	髮	간불용발
사이 간	아니 불	얼굴 용	머리털 발	

'머리카락 한 올이 들어갈 만한 틈이 없다'는 뜻으로, 사태가 매우 급박함의 비유. 또는 매우 치밀하여 빈틈이 없음.

干	城	之	材	간성지재
방패 간	성 성	어조사 지	재목 재	

'방패와 성의 구실을 하는 인재'라는 뜻으로, 나라를 지키는 믿음직한 인재를 일컬음.

간신적자

奸	臣	賊	子
간사할 간	신하 신	도둑 적	아들 자

간사한 신하와 어버이의 뜻을 거스르는 자식.

간악무도

奸	惡	無	道
간사할 간	악할 악	없을 무	길 도

간사하고 악독하며 도리에 어긋남.

간어제초

間	於	齊	楚
사이 간	어조사 어	제나라 제	초나라 초

'제나라와 초나라 사이에 끼어 있다'는 뜻으로, 약자가 강자 사이에 끼어 당하는 괴로움.

간운보월

看	雲	步	月
볼 간	구름 운	걸음 보	달 월

'구름을 바라보거나 달빛 아래를 거닌다'는 뜻으로, 객지에서 가족이나 집 생각을 함.

간장막야

| 막을 간 | 장수 장 | 없을 막 | 그런가 야 |

'간장과 막야가 만든 칼'이라는 뜻으로, 명검도 사람의 손이 가야 빛나듯이 사람도 교육을 통해서 역량을 발휘할 수 있음을 일컬음(천하에 둘도 없는 명검이나 보검의 비유).

갈민대우

| 목마를 갈 | 백성 민 | 기다릴 대 | 비 우 |

'백성들이 비를 몹시 기다린다'는 뜻으로, 아주 간절히 기다림.

갈이천정

| 목마를 갈 | 어조사 이 | 팔(뚫을) 천 | 우물 정 |

'목이 말라서야 우물을 판다'는 뜻으로, 미리미리 일을 준비하지 않고 일이 생긴 뒤에야 아무리 서둘러 본들 이미 때가 늦어서 이루지 못함.

갈충보국

| 다할 갈 | 충성 충 | 갚을 보 | 나라 국 |

몸과 마음을 다하여 나라의 은혜에 보답함.

갈택이어

| 다할 갈 | 못 택 | 어조사 이 | 고기잡을 어 |

'연못의 물을 퍼내어 고기를 잡는다'는 뜻으로, 눈앞의 이익만을 추구하여 먼 장래를 생각지 않음.

    감개무량

| 느낄 감 | 탄식할 개 | 없을 무 | 양 량 |

'감개가 한이 없다'는 뜻으로, 지난 일이나 자취에 대해 느끼는 회포가 한량없이 깊고 크다는 말.

    감당지애

| 달 감 | 팥배나무 당 | 어조사 지 | 사랑 애 |

'임금의 덕을 우러러 사모한다'는 뜻으로, 주(周)나라 소공(召公)의 선정(善政)에 감격한 백성들이 그가 잠시 쉬었던 팥배나무를 소중히 가꾸었다는 고사.

    감불생심

| 감히(굳셀) 감 | 아닐 불 | 날 생 | 마음 심 |

감히 엄두도 내지 못함. 유의어 敢不生意(감불생의).

減 | 死 | 島 | 配 | 감사도배
덜 감 | 죽일 사 | 섬 도 | 귀양보낼 배

죽일 죄인을 죽이지 않고 죄를 감하여 섬에 귀양 보냄을 일컬음.

甘 | 言 | 利 | 說 | 감언이설
달 감 | 말씀 언 | 이로울 이 | 말씀 설

'달콤한 말과 이로운 조건'이라는 뜻으로, 남의 비위에 들도록 꾸민 달콤한 말과 이로운 조건을 내세워 그럴 듯하게 꾸미는 말을 일컬음.

甘 | 井 | 先 | 竭 | 감정선갈
달 감 | 우물 정 | 먼저 선 | 마를 갈

'물맛이 좋은 우물이 먼저 마른다'는 뜻으로, 물맛이 좋은 우물은 이용하는 사람이 많아서 빨리 말라 버리듯이, 뛰어난 재능이나 지력(知力)을 자랑하는 자는 곧 남에게 이용당하기 쉬움.

坎 | 井 | 之 | 蛙 | 감정지와
구덩이 감 | 우물 정 | 어조사 지 | 개구리 와

'우물 안 개구리'라는 뜻으로, 견문이나 식견이 좁은 사람의 비유.
유의어 井底之蛙(정저지와).

감지덕지

| 느낄 감 | 어조사 지 | 덕 덕 | 어조사 지 |

'이를 감사하게 생각하고 이를 덕으로 생각한다'는 뜻으로, 대단히 고맙게 여김.

    감지봉양

| 달 감 | 뜻 지 | 받들 봉 | 기를 양 |

맛있는 음식으로 부모를 봉양함.

    감천동지

| 흔들 감 | 하늘 천 | 움직일 동 | 땅 지 |

'천지를 뒤흔든다'는 뜻으로, 활동이 매우 활발하고 눈부심을 일컬음.

    감탄고토

| 달 감 | 삼킬 탄 | 쓸 고 | 뱉을 토 |

'달면 삼키고 쓰면 뱉는다'는 뜻으로, 사리의 옳고 그름에는 관계없이 자기 비위에 맞으면 좋아하고 맞지 않으면 싫어함. 유의어 炎凉世態(염량세태).

갑남을녀

甲	男	乙	女
아무개 갑	남자 남	저것 을	여자 녀

'이 남자와 저 여자'라는 뜻으로, 신분이나 이름이 알려지지 아니한 평범한 사람을 일컫는 말.

갑검유등

匣	劍	帷	燈
갑(상자) 갑	칼 검	휘장 유	등불 등

'갑 속의 검과 휘장 안의 등불'이라는 뜻. 또는 '칼날의 날카로움과 등불의 밝음은 감출 수 없다'는 뜻으로, 명확한 사실은 감출 수 없다는 말.

갑론을박

甲	論	乙	駁
아무개 갑	논의할 론(논)	아무개 을	논박할 박

'서로 자기 의견을 주장하여 남의 의견을 반박한다'는 뜻으로, 말다툼이 되어 논의가 되지 않음.

강개지사

慷	慨	之	士
강개할 강	분개할 개	어조사 지	선비 사

세상의 옳지 못한 일에 대하여 의분을 느끼고 탄식하는 선비.

강구연월

| 편안할 강 | 네거리 구 | 연기 연 | 달 월 |

'번화한 큰 길거리에서 달빛이 연기에 은은하게 비치는 모습'으로, 태평한 시대의 평화로운 풍경. 태평성대(太平聖代)를 일컬음. 유의어 太平聖代(태평성대).

    강노지말

| 굳셀 강 | 쇠뇌 노 | 어조사 지 | 끝 말 |

'힘찬 활에서 튕겨나간 화살도 힘이 다 한다'는 뜻으로, 아무리 강력한 것일지라도 시간이 지나면 힘을 잃고 쇠해진다. 곧 아무런 일도 이룰 수 없음.

    강안여자

| 강할 강 | 얼굴 안 | 여자 여(녀) | 아들 자 |

'얼굴이 강한 여자'라는 뜻으로, 수치를 모르는 여자.
유의어 鐵面皮(철면피), 厚顔無恥(후안무치).

    강호지락

| 강 강 | 호수 호 | 어조사 지 | 즐길 락 |

자연을 벗 삼아 살아가는 즐거움.

개과불린

改	過	不	吝
고칠 개	지날 과	아닐 불	인색할 린(인)

'허물을 고침에 인색하지 않다'는 뜻으로, 잘못이 있으면 고치는 데 주저하지 않음.

개과천선

改	過	遷	善
고칠 개	지날 과	옮길 천	착할 선

'지난 허물을 고치어 착한(새로운) 사람이 되겠다'는 뜻으로, 과거의 허물을 고치고 옳은 길로 들어섬.

개관사정

蓋	棺	事	定
덮을 개	관 관	일 사	정할 정

'관을 덮은 뒤 일이 결정된다'는 뜻으로, 사람은 죽은 후에야 비로소 그 사람 살아생전의 가치를(잘 잘못을) 알 수 있음.

개권유익

開	卷	有	益
열 개	책 권	있을 유	더할 익

'책을 펼치기만 해도 유익하다'는 뜻으로, 독서를 권장하여 일컫는 말.

개두환면

고칠 개 　머리 두 　바꿀 환 　낯 면

'머리는 고치지 않고 얼굴만 바꾼다'는 뜻으로, 일의 근본을 고치지 않고 사람만 바꾸어 그대로 시킴.

    개문납적

열 개 　문 문 　들일 납 　도둑 적

'대문을 열어 도둑을 들게 한다'는 뜻으로, 스스로 화를 불러들임.

    개선광정

고칠 개 　착할 선 　바로잡을 광 　바를 정

일을 좋도록 고치고 바로잡음.

    개선장군

즐길 개 　돌 선 　장수 장 　군사 군

전쟁에서 이기고 돌아온 장군.

개세지재

蓋	世	之	才
덮을 개	세상 세	어조사 지	재주 재

'온 세상을 뒤덮을 만한 재주'. 또는 그런 재주를 가진 인재(人才).

객반위주

客	反	爲	主
손 객	돌이킬 반	할 위	주인 주

'손(객)이 도리어 주인 행세한다'는 뜻으로, '주되는 것과 부차되는 것이 뒤바뀌었다'는 말. 사물의 경중이나 완급, 또는 중요성에 비추어 앞뒤의 차례가 서로 뒤바뀜. 유의어 主客顚倒(주객전도).

객창한등

客	窓	寒	燈
손 객	창 창	찰 한	등불 등

'객지의 창에 쓸쓸한 등불'이란 뜻으로, 객지의 외로움을 나타낸 말.

거관유독

居	官	留	犢
살 거	벼슬 관	머무를 유	송아지 독

'벼슬아치란 재임 중에 낳은 송아지조차도 물러날 때에는 가지고 돌아가지 않는다'는 뜻으로, 청렴결백한 벼슬아치의 비유.

거국일치

온 나라의 국민들이 한마음 한 뜻으로 일치단결(一致團結)함을 일컬음.

거두절미

'머리와 꼬리를 잘라 버린다'는 뜻으로, 앞뒤의 잔설을 빼고 요점만을 말함.

거세개탁

'온 세상이 다 흐리다'는 뜻으로, 지위의 고하를 막론하고 모든 사람이 다 올바르지 아니함.

거안사위

'살기 편안한 때에는 위난이 닥칠 때를 생각한다'는 뜻으로, 재난에 대한 충분한 준비가 되어 있으면 화를 당하지 않음. 유의어 有備無患(유비무환).

擧	案	齊	眉	거안제미
들 거	소반 안	가지런할 제	눈썹 미	

'밥상을 눈썹 높이까지 들어올린다'는 뜻으로, 아내가 남편을 지극히 공경하여 받들어 올림.

去	者	莫	追	거자막추
갈 거	놈 자	없을 막	따를 추	

가는 사람은 불잡지 않는다.

<참고> 去者不追 來者不拒(거자불추 내자불거) : 가는 사람 붙들지 않고 오는 사람 물리치지 않는다.

去	者	日	疎	거자일소
갈 거	놈 자	날 일	성길 소	

'죽은 사람에 대해서는 날이 갈수록 점점 잊게 된다'는 뜻으로, 서로 멀리 떨어져 있으면 사이가 소원해짐을 일컬음.

車	載	斗	量	거재두량
수레 거	실을 재	말(용량의 단위) 두	되 량(양)	

'물건을 수레에 싣고 말로 된다'는 뜻으로, 물건이나 인재 등이 아주 흔함을 일컬음.

거중조정

있을 거 · 가운데 중 · 고를 조 · 가지런할 정

둘 사이에 들어서 알맞게 조정함.

건곤일색

하늘 건 · 땅 곤 · 한 일 · 빛 색

하늘과 땅, 천지가 온통 같은 빛깔임.

건곤일척

하늘 건 · 땅 곤 · 한 일 · 던질 척

'하늘과 땅을 걸고 한 번 던진다'는 뜻으로, 운명을 하늘에 맡기고 승부나 성패를 겨룸. 또는 '천하를 얻느냐 잃느냐', '사느냐 죽느냐'하는 대 모험을 걸고 승부수를 쓸 때 일컫는 말.

건답직파

마를 건 · 논 답 · 곧을 직 · 뿌릴 파

볏모를 옮겨 심지 않고 볍씨를 바로 뿌리는 일.

건목수생

乾	木	水	生
마를 건	나무 목	물 수	날 생

'마른 나무에서 물이 나게 한다'는 뜻으로, 엉뚱한 곳에서 불가능한 일을 이루려 함. 유의어 緣木求魚(연목구어), 剛木水生(강목수생).

걸견폐요

桀	犬	吠	堯
홰 걸	개 견	짖을 폐	요임금 요

'폭군인 걸왕의 개가 요임금에게 짖는다'는 뜻으로, 개는 상대가 아무리 훌륭해도 주인만 따른다는 말.

걸불병행

乞	不	竝	行
빌 걸	아닐 불	아우를 병	갈 행

'도둑질을 여럿이 함께 하지 않는다'는 뜻으로, 요구하는 바가 많으면 하나도 얻기 어려움을 일컬음

걸인연천

乞	人	憐	天
빌 걸	사람 인	불쌍히 여길 련(연)	하늘 천

'거지가 하늘을 불쌍히 여긴다'는 뜻으로, 자신과 관계가 없는 엉뚱한 일을 걱정함.

검려지기

검을 검　　당나귀 려　　어조사 지　　재주 기

'검주에 사는 당나귀의 재주'라는 뜻으로, 보잘것없는 기량을 들추다 비웃음을
산다는 말.

    격물치지

이를 격　　만물 물　　이룰 치　　알 지

실제 사물의 이치를 연구하여 지식을 완전하게 함.

    격세지감

사이뜰 격　　세대 세　　어조사 지　　느낄 감

'한 세대 사이가 뜬 느낌'이라는 뜻으로, 많은 진보나 변화를 겪어서 아주 딴 세
상이나 또는 다른 세대처럼 여겨짐. 딴 세대와도 같이 아주 달라진 느낌.

    격화소양

사이뜰 격　　가죽신 화　　긁을 소　　가려울 양

'신을 신은 채 가려운 데를 긁는다'는 뜻으로, 어떤 일을 하느라고 애를 쓰는데
성에 차지 않음의 비유. 반의어 *麻姑搔痒*(마고소양).

牽	強	附	會	견강부회
끌 견	굳셀 강	붙일 부	모을 회	

'억지로 끌어다 갖다 붙인다'는 뜻으로, 가당치 않은 말을 억지로 끌어다 붙여서 조건이나 이치에 맞추려고 우겨댐. ※ 附會는 付會, 傅會로도 쓰인다.
유의어 推舟於陸(추주어륙).

見	金	如	石	견금여석
볼 견	쇠 금	같을 여	돌 석	

'황금 보기를 돌같이 한다'는 뜻으로, 지나친 욕심을 절제함.

見	機	而	作	견기이작
볼 견	틀 기	말이을 이	지을 작	

기미를 알고 미리 조치함.

見	利	思	義	견리사의
볼 견	이로울 리(이)	생각할 사	옳을 의	

'이로움을 보면 의리를 생각하라'는 뜻으로, 눈앞에 이끗(재물의 이익이 되는 실마리)이 보일 때, 먼저 그것을 취하는 것이 의리에 합당한지를 생각하라는 말.

견마지년

犬	馬	之	年
개 견	말 마	어조사 지	해 년

남에게 자기 나이를 낮추어 겸손하게 이르는 말.

견마지로

犬	馬	之	勞
개 견	말 마	어조사 지	애쓸 로

'개나 말의 하찮은 수고'라는 뜻으로, 윗사람에게 바치는 자기의 노력을 낮추어 말할 때 쓰는 말.

견마지성

犬	馬	之	誠
개 견	말 마	어조사 지	정성 성

'개나 말의 정성'이라는 뜻으로, 윗사람에게 바치는 자기의 정성을 겸손하게 이르는 말.

견문발검

見	蚊	拔	劍
볼 견	모기 문	뺄 발	칼 검

'모기를 보고 검을 뺀다'는 뜻으로, 하찮은 일에 너무 거창하게 덤빈다는 말.

見 볼 견　物 물건 물　生 날 생　心 마음 심　견물생심

물건을 보면 그것을 가지고 싶은 욕심이 생김을 일컬음.

堅 굳을 견　白 흰 백　同 같을 동　異 다를 이　견백동이

단단하고 흰 돌은 눈으로 보아 흰 것을 알 수 있으나 단단한지는 모르며, 손으로 만져 보았을 때는 그 단단한 것을 알뿐 빛이 흰지는 모르므로 단단한 돌과 흰 돌과는 동인물이 아니라는 말. 궤변. 유의어 堅石白馬(견석백마).

犬 개 견　齧 물 설　枯 마를 고　骨 뼈 골　견설고골

'개가 말라빠진 뼈를 핥는다'는 뜻으로, 음식이 아무 맛도 없음을 가리키는 말.

犬 개 견　牙 어금니 아　相 서로 상　制 마를 제　견아상제

'개의 어금니가 서로 맞지 않는다'는 뜻으로, 땅의 경계가 서로 어긋나고 뒤섞여 일직선이 되지 않음. 유의어 犬牙相錯(견아상착).

견여금석

堅	如	金	石
굳을 견	같을 여	쇠 금	돌 석

서로 맺은 언약이나 맹세가 금석같이 굳음.

견원지간

犬	猿	之	間
개 견	원숭이 원	어조사 지	사이 간

'개와 원숭이의 사이'라는 뜻으로, 서로 사이가 나쁜 두 사람의 관계를 일컬음.

견위치명

見	危	致	命
볼 견	위태할 위	이룰 치	목숨 명

'위태로움을 만나면 목숨을 다하라'는 뜻으로, 나라가 위태로울 때 자기의 목숨을 나라에 바침. 유의어 見危授命(견위수명).

견인불발

堅	忍	不	拔
굳을 견	참을 인	아닐 불	뺄 발

굳게 참고 견디어 마음이 흔들리지 아니함.

견토지쟁

| 개 견 | 토끼 토 | 어조사 지 | 다툴 쟁 |

'개와 토끼의 다툼'이라는 뜻. 쓸데없이 다투는 것으로, 양자의 싸움에서 제삼자가 이득을 봄.

결사보국

| 결단할 결 | 죽을 사 | 갚을 보 | 나라 국 |

죽을 각오를 하고 나라의 은혜에 보답함.

결의형제

| 맺을 결 | 옳을 의 | 맏 형 | 아우 제 |

남남끼리 결의하여 형제의 의를 맺음. 또는 그 형제.

결자해지

| 맺을 결 | 놈 자 | 풀 해 | 어조사 지 |

'일을 맺은 사람이 풀어야 한다'는 뜻으로, 자기가 저지른 일에 대해서는 자기가 그 일을 해결해야 함.

결초보은

맺을 결　　풀 초　　갚을 보　　은혜 은

'풀포기를 묶어 은혜를 갚는다'는 뜻으로, 죽어 혼령이 되어서라도 은혜를 잊지
않고 갚음.

    결하지세

결단할 결　　물 하　　어조사 지　　기세 세

'큰물이 둑을 터뜨리고 넘쳐흐르는 기세'라는 뜻으로, 걷잡을 수 없는 세찬 기
세의 비유.

    겸사겸사

겸할 겸　　일 사　　겸할 겸　　일 사

한꺼번에 여러 가지 일을 아울러 하는 모양.

    겸양지덕

겸손할 겸　　사양할 양　　어조사 지　　덕 덕

겸손하게 사양하는 미덕(美德, 아름다운 마음).

겸인지용

兼	人	之	勇
겸할 겸	사람 인	어조사 지	날랠 용

혼자서 몇 사람을 상대할 만한 용기. 유의어 兼人之力(겸인지력).

경개여구

傾	蓋	如	舊
기울 경	덮을 개	같을 여	옛 구

처음으로 잠시 만났는데도, 정답기가 오래 사귄 친구와 같음.

경거망동

輕	擧	妄	動
가벼울 경	들 거	망령될 망	움직일 동

'경솔하고 망령되게 행동한다'는 뜻으로, (깊이 생각해 보지 않고) 경솔하게 함부로 행동함. 또는, 경솔한 행동. 반의어 隱忍自重(은인자중).

경경불매

耿	耿	不	寐
빛날 경	빛날 경	아닐 불	잠잘 매

마음에 염려되고 잊혀지지 아니하여 잠을 이루지 못함.

경국지색

傾	國	之	色
기울 경	나라 국	어조사 지	빛 색

'나라를 기울어지게 하는 미인'이라는 뜻으로, (임금이 혹하여 국정을 게을리 함으로써 나라를 위태롭게 할 정도로) 아름다운 미녀. 썩 빼어난 절세의 미인을 일컬음.

유의어 傾城之色(경성지색), 傾城傾國(경성경국).

경국지재

經	國	之	才
날(경영할) 경	나라 국	어조사 지	재주 재

나랏일을 경영할 만한 능력. 또는 그런 능력을 가진 사람.

경당문노

耕	當	問	奴
밭갈 경	마땅할 당	물을 문	종 노

'농사짓는 일은 머슴에게 물어봐야 한다'는 뜻으로, 무슨 일이든 그 방면의 전문가에게 물어야 한다는 말.

경산조수

耕	山	釣	水
밭갈 경	뫼 산	낚시 조	물 수

'산에서 밭을 갈고 물에서 낚시질을 한다'는 뜻으로, 속세를 떠나 자연을 벗 삼으며 한가로운 삶을 즐김.

날(경영할) 경　세상 세　건널 제　백성 민

경세제민

세상을 다스리고 백성을 구제함.

가벼울 경　옷 의　살찔 비　말 마

경의비마

'가벼운 비단옷과 살찐 말'이라는 뜻으로, 호사스러운 차림새를 일컬음.

공경할 경　어조사 이　멀 원　어조사 지

경이원지

'존경하기는 하되 가까이 하지는 아니한다'는 뜻으로, 겉으로는 공경하는 체하면서 가까이 하지는 아니함. 꺼리어 멀리함. 유의어 敬遠(경원).

가벼울 경　원수 적　반드시 필　패할 패

경적필패

적을 가볍게 보고 업신여기면 반드시 패함.

38

경전착정

밭갈 경　밭 전　뚫을 착　우물 정

'밭을 갈고 우물을 판다'는 뜻으로, 백성들이 생업을 즐기며 평화롭게 지냄을 일컬음.

    경조부박

가벼울 경　경박할 조　뜰 부　얇을 박

사람됨이 가벼워서 언어나 행동이 점잖지 못함. 유의어 輕薄浮虛(경박부허).

    경조상문

경사 경　조상할 조　서로 상　물을 문

서로 경사에 축하하고 흉사에 위문함.

    경중미인

거울 경　가운데 중　아름다울 미　사람 인

'거울에 비친 미인'이라는 뜻으로, 실속 없는 일을 비유하여 일컬음.

敬 天 勤 民　경천근민

공경할 경　하늘 천　부지런할 근　백성 민

하늘을 공경하고 백성을 다스리기에 부지런함.

驚 天 動 地　경천동지

놀랄 경　하늘 천　움직일 동　땅 지

‘하늘을 놀라게 하고 땅을 뒤흔든다’는 뜻으로, 세상을 깜짝 놀라게 함.

敬 天 愛 人　경천애인

공경할 경　하늘 천　사랑 애　사람 인

하늘을 공경하고 사람을 사랑함.

經 天 緯 地　경천위지

날(경영할) 경　하늘 천　씨 위　땅 지

온 천하를 잘 다스림. 일을 계획적으로 준비하고 다스림.

경화수월

鏡	花	水	月
거울 경	꽃 화	물 수	달 월

'거울 속에 비친 꽃이나 물에 비친 달'이란 뜻으로, 눈에는 보이나 손으로 잡을 수 없는 것을 비유하여 일컫는 말.

경화자제

京	華	子	弟
서울 경	빛날 화	아들 자	아우 제

'번화한 서울에서 곱게 자란 젊은이'란 뜻으로, 부잣집 자녀들을 일컬음.

경황망조

驚	惶	罔	措
놀랄 경	두려울 황	그물 망	둘 조

놀라고 두려워서 어찌할 바를 모름.

계구우후

鷄	口	牛	後
닭 계	입 구	소 우	뒤 후

'닭의 부리가 될지언정 소의 꼬리는 되지 말라'는 뜻으로, 큰 단체의 꼴찌보다 는 작은 단체의 우두머리가 되라는 말.

鷄　群　一　鶴　계군일학

| 닭 계 | 무리 군 | 한 일 | 학 학 |

'무리지어 있는 닭 가운데 있는 한 마리의 학'이라는 뜻으로, 여러 평범한 사람들 가운데 있는 뛰어난 한 사람을 일컬음.

유의어 **鷄群孤鶴**(계군고학), **群鷄一鶴**(군계일학).

計　窮　力　盡　계궁역진

| 셀 계 | 다할 궁 | 힘 역(력) | 다할 진 |

꾀와 힘이 다하여 더 이상 어찌할 방도가 없음.

鷄　卵　有　骨　계란유골

| 닭 계 | 알 란 | 있을 유 | 뼈 골 |

'계란에도 뼈가 있다'는 뜻으로, 운수가 나쁜 사람은 모처럼 좋은 기회를 만났어도 역시 일이 잘 안 될 때를 일컬음. 공교롭게도 일에 마가 낀다(방해됨) 는 말.

鷄　鳴　狗　盜　계명구도

| 닭 계 | 울 명 | 개 구 | 도둑 도 |

'닭의 울음소리를 잘 내는 사람과 개의 울음소리 흉내를 잘 내는 좀도둑'이라는 뜻으로, 천한 재주를 가진 사람도 때로는 요긴하게 쓸모가 있음을 비유하여 일컬음.

맺을 계 | 술 주 | 날 생 | 낯 면

계주생면

'곗술로 생색을 낸다'는 뜻으로, 남의 것으로 자기의 생색을 냄을 일컬음.

끝 계 | 베 포 | 한 일 | 승낙할 락

계포일락

계포의 믿을 수 있는 확실한 승낙이라는 뜻으로, 계포의 약속은 절대적인 것으로 확실히 믿을 수 있다는 말. 곧 '한 번 약속을 하면 반드시 지킨다'는 뜻.
유의어 男兒一言重千金(남아일언 중천금).

울 고 | 울 고 | 어조사 지 | 소리 성

고고지성

태어나면서 처음으로 우는 소리라는 뜻으로, 사물이 처음으로 이룩(시작)되는 기척을 비유하여 일컬음.
〈참고〉 呱呱(고고) : 갓난아이가 세상에 나오면서 처음으로 우는 소리.

높을 고 | 벼슬 관 | 큰 대 | 작위 작

고관대작

'지위가 높은 큰 벼슬자리'라는 뜻으로, 높은 벼슬자리. 또는, 그 직위에 있는 사람. 반의어 微官末職(미관말직).

股	肱	之	臣	고굉지신
넓적다리 고	팔 굉	어조사 지	신하 신

'팔다리와 같이 중요한 신하'라는 뜻으로, 임금이 가장 믿고 중히 여기는 신하.
유의어 股掌之臣(고장지신), 股肱(고굉).

孤	軍	奮	鬪	고군분투
외로울 고	군사 군	떨칠 분	싸움 투

'외로운 군대가 힘겹게 적과 싸운다'는 뜻으로, 수가 적고 지원이 없는 외로운
군대가 힘겨운 적과 싸움. 또는, 홀로 여럿을 상대로 싸움.

固	窮	讀	書	고궁독서
굳을 고	다할 궁	읽을 독	글 서

가난함을 분수로 여기면서 글 읽기를 즐겨함.

孤	根	弱	植	고근약식
외로울 고	뿌리 근	약할 약	심을 식

'외로운 뿌리와 약한 식물'이라는 뜻으로, 친척이나 돌보아주는 이가 없는 사람
을 비유하여 일컬음.

고금동서

| 옛 고 | 이제 금 | 동녘 동 | 서녘 서 |

'예와 지금, 그리고 동쪽과 서쪽'이라는 뜻으로, 때와 지역을 통틀어 일컫는 말.
시공(時空)을 아우르는 말. 유의어 東西古今(동서고금).

고금천지

| 옛 고 | 이제 금 | 하늘 천 | 땅 지 |

옛날부터 지금까지의 온 세상.

고담방언

| 높을 고 | 이야기 담 | 놓을 방 | 말씀 언 |

남을 두려워하지 않고, 저 하고 싶은 대로 소리 높여 떠듦.

고담준론

| 높을 고 | 이야기 담 | 높을 준 | 논할 론(논) |

고상하고 준엄한 언론. 또는, 잘난 체하고 과장하여 말함.

高 높을 고　臺 돈대 대　廣 넓을 광　室 집 실　**고대광실**

'높은 댓돌 위에 있는 넓디넓은 집'이라는 뜻으로, 굉장히 크고 좋은 집.

叩 두드릴 고　頭 머리 두　謝 사례할 사　罪 허물 죄　**고두사죄**

(경의를 나타내기 위하여) 머리를 조아려 사죄함.

膏 살찔 고　粱 기장 량　子 아들 자　弟 아우 제　**고량자제**

좋은 음식만 먹고 귀염을 받으며 자라서 전혀 고생을 모르는 부귀한 집안의 젊은이.

膏 살찔 고　粱 기장 량　珍 보배 진　味 맛 미　**고량진미**

기름지고 살찐 고기와 좋은 곡식으로 만든 맛있는 음식.

외로울 고 / 설 립 / 없을 무 / 도울 원

고립무원

홀로 외따로 떨어져 도움을 받을 데가 없는 처지. 유의어 孤立無依(고립무의).

돌아볼 고 / 이름 명 / 생각 사 / 옳을 의

고명사의

어떤 일을 당하여 명예를 더럽히는 일이 아닌지 돌이켜 보고, 의리에 어긋나는 일이 아닌지 생각함.

마를 고 / 나무 목 / 날 생 / 꽃 화

고목생화

'마른 나무에 꽃이 핀다'는 뜻으로, 곤궁한 사람이 뜻밖의 행운을 만나게 됨의 비유. 유의어 枯樹生花(고수생화).

두드릴 고 / 배 복 / 칠 격 / 흙 양

고복격양

'배를 두드리고 발을 구르며 흥겨워한다'는 뜻으로, 배를 두드리고 발을 구르며 요임금의 덕을 찬양하고 태평세월을 즐김. 생활의 아쉬움이 없이 풍족하고, 세상도 태평하여 백성들이 태평세월을(성대를) 누림.

고분지탄

叩	盆	之	嘆
두드릴 고	물동이 분	어조사 지	한탄할 탄

'물동이를 두드리며 한탄한다'는 뜻으로, 아내를 여읜 한탄을 일컫는 말.
유의어 叩盆之痛(고분지통).

고색창연

古	色	蒼	然
옛 고	빛 색	푸를 창	그러할 연

퍽 오래되어 예스러운 정치(情致)가 그윽함.

고성낙일

孤	城	落	日
외로울 고	성 성	떨어질 낙	날 일

'외로운 성에 지는 해'라는 뜻으로, 세력이 다 하여 의지할 데가 없는 외로운 처지.

고성방가

高	聲	放	歌
높을 고	소리 성	놓을 방	노래 가

큰소리로 마구 떠들고 노래를 부름.

姑	息	之	計	고식지계
시어미 고	자식 식	어조사 지	꾀할 계	

'아녀자나 어린이가 꾸미는 계책'이라는 뜻으로, 근본 해결책이 아닌 임시로 편한 것을 취하는 계책. 잠시 모면할 일시적인 방편.

枯	楊	生	稊	고양생제
마를 고	버들 양	날 생	돌피 제	

'시들었던 버드나무에 다시 싹이 돋아난다'는 뜻으로, 늙은 남자가 젊은 아내를 얻어 함께 살아갈 수 있음의 비유.

孤	雲	野	鶴	고운야학
외로울 고	구름 운	들 야	학 학	

'외롭게 떠 있는 구름과 무리에서 벗어난 학'이라는 뜻으로, 벼슬을 하지 않고 한가롭게 지내는 선비를 일컬음.

苦	肉	之	計	고육지계
쓸 고	몸 육	어조사 지	꾀할 계	

'제 몸을 괴롭히면서까지 짜내는 계책'이라는 뜻으로, 적을 속이기 위해, 또는 어려운 사태를 벗어나기 위한 수단으로 제 몸을 괴롭히면서까지 짜내는 계책.
유의어 苦肉策(고육책), 反間(반간).

고장난명

외로울 고　손바닥 장　어려울 난　울 명

'외손바닥으로는 울리기 어렵다'는 뜻으로, 혼자서는 일을 이루지 못함. 또는, 맞서는 사람이 없으면 싸움이 되지 않음.

고정관념

굳을 고　정할 정　볼 관　생각할 념

그 사람의 마음속에는 늘 자리하여 흔들리지 아니하는 생각이나 견해(見解).

고진감래

쓸 고　다할 진　달 감　올 래

'쓴 것이 다하면 단 것이 온다'는 뜻으로, 고생 끝에 낙이 옴을 일컬음.
반의어 興盡悲來(흥진비래).

고집불통

굳을 고　잡을 집　아닐 불　통할 통

성질이 자기 생각에 빠져서 융통성이 없음. 또는 그러한 사람.

고침단금

외로울 고	베개 침	홀 단	이불 금

'외로운 베개와 이불'이라는 뜻으로, 젊은 여자가 홀로 쓸쓸하게 지내는 것을 일컬음.

     고침사지

높을 고	베개 침	방자할 사	뜻 지

'높은 베개를 베고 마음대로 한다'는 뜻으로, 재산이 있어 몸과 마음이 편안하며 할일 없이 한가하고 마음대로 즐기며 지냄을 일컬음.

<참고> 肆 : 방자하다(거리낌 없이 행동하거나 말하다).

     고침안면

높을 고	베개 침	편안할 안	잘 면

'베개를 높이 하여 편히 잘 수 있다'는 뜻으로, 아무 근심 없이 편안히 잘 잠.

반의어 高枕無憂(고침무우).

     고침한등

외로울 고	베개 침	찰 한	등불 등

'외로운 베개와 쓸쓸한 등불'이라는 뜻으로, 홀로 자는 쓸쓸한 밤을 일컬음.

고혈단신

| 외로울 고 | 홀로 혈 | 홑 단 | 몸 신 |

혈육(血肉)이 없는 외로운 몸.

곡굉지락

| 굽을 곡 | 팔 굉 | 어조사 지 | 즐길 락 |

팔을 베개 삼아 누워 사는 가난한 생활이라도 도(道)에 살면 그 속에 즐거움이 있다는 뜻으로, 물질을 추구하며 살기보다는 정신을 중시해서 사는 편이 나음.
유의어 安貧樂道(안빈낙도).

곡학아세

| 굽을 곡 | 배울 학 | 아첨 아 | 세상 세 |

'배운 학문을 굽혀 가며 세상에 아첨한다'는 뜻으로, 바른 길에서 벗어난 학문으로 시세(時勢)나 권력자에게 아첨하여 인기를 얻으려는 언행(言行)을 함.

골육상잔

| 뼈 골 | 몸 육 | 서로 상 | 해칠 잔 |

'같은 혈육끼리 서로 해친다'는 뜻으로, 부자(父子)나 형제 등 혈연관계에 있는 사람끼리 서로 해치며 싸우는 일. 또는, 같은 민족끼리 해치며 싸우는 일.
유의어 骨肉相爭(골육상쟁), 骨肉相戰(골육상전).

骨 뼈 골　肉 몸 육　之 어조사 지　親 친할 친　골육지친

부모와 자식 또는 형제자매 등의 가까운 혈족.

公 공변될 공　明 밝을 명　正 바를 정　大 큰 대　공명정대

마음이 공평하고 사심이 없으며 밝고 큼. 유의어 公正無私(공정무사).

空 빌 공　山 뫼 산　明 밝을 명　月 달 월　공산명월

사람이 없는 적적한 산에 비치는 외로운 밝은 달.

公 공변될 공　序 질서 서　良 어질 양　俗 풍속 속　공서양속

공공의 질서와 선량한 풍속. 유의어 美風良俗(미풍양속).

공전절후

空	前	絶	後
빌 공	앞 전	끊을 절	뒤 후

비교할 만한 것이 이전에도 없고 이후에도 없음.

공존공영

共	存	共	榮
함께 공	생존할 존	함께 공	번영할 영

함께 살고 함께 번영함. 함께 잘 살아감.

공중누각

空	中	樓	閣
빌 공	가운데 중	다락 누	누각 각

'공중에 떠 있는 누각'이라는 뜻으로, 아무런 근거나 현실적 토대가 없는 가공(架空)의 사물을 일컬음. 유의어 砂上樓閣(사상누각), 蜃氣樓(신기루).

공평무사

公	平	無	私
공변될 공	평평할 평	없을 무	사사로울 사

공평하고 사사로움이 없음.

功 공로 공　虧 이지러질 휴　一 한 일　簣 삼태기 궤　공휴일궤

'공이 한 삼태기로 허물어졌다'는 뜻으로, 산을 쌓아 올리는데 한 삼태기의 흙을 게을리 하여 완성을 보지 못함. 즉 완성되어 가던 일을 중단했기 때문에 모두 허사가 됨을 일컬음.

過 허물 과　恭 공손할 공　非 아닐 비　禮 예도 례　과공비례

'지나치게 공손함은 예가 아니다'라는 뜻으로, 지나친 공손은 오히려 예의에 벗어남을 일컬음.

誇 자랑할 과　大 큰 대　妄 망령될 망　想 생각할 상　과대망상

'자기의 위치를 사실보다 지나치게 높이 평가하는 망상'이라는 뜻으로, 자기의 현재 상태를 턱없이 과장해서 사실인 것처럼 믿는 생각을 일컬음.

過 지날 과　猶 오히려 유　不 아닐 불　及 미칠 급　과유불급

'정도를 지나침은 미치지 못함과 같다'는 뜻으로, 지나친 것이나 모자란 것이 다 좋지 않음. 중용(中庸)의 중요함을 일컫는 말. 미치지도 않고 지나치지도 않은 중용을 시중(時中)이란 말로 표현함. 유의어 過如不及(과여불급).

瓜	田	李	下	과전이하
오이 과	밭 전	오얏나무 이	아래 하	

'오이밭에서 신을 고쳐 신지 말고, 오얏나무 아래서 갓을 고쳐 쓰지 말라'는 뜻으로, 남의 의심을 받기 쉬운 일은 하지 말라는 말.

유의어 瓜田不納履(과전불납리), 李下不整冠(이하부정관).

寬	仁	大	度	관인대도
너그러울 관	어질 인	큰 대	도량 도	

마음이 너그럽고 인자하여 도량이 넓음.

官	尊	民	卑	관존민비
벼슬 관	높을 존	백성 민	낮을 비	

관리는 높고 귀하며, 백성은 낮고 천하다는 사고방식.

管	鮑	之	交	관포지교
피리 관	절인 어물 포	어조사 지	사귈 교	

'관중(管仲)과 포숙아(鮑淑牙)와 같은 사귐'이라는 뜻으로, 매우 다정한 친구 사이. 또는 허물없는 교제. 유의어 金石之交(금석지교), 金蘭之契(금란지계), 莫逆之友 (막역지우), 刎頸之交(문경지교).

刮 비빌 괄　目 눈 목　相 서로 상　對 대할 대　괄목상대

'눈을 비비고 다시 본다'는 뜻으로, 주로 손아랫사람의 학식이나 재주 따위가 놀랍도록 향상된 경우에, 이를 놀라워하는 뜻으로 쓰임.

光 빛 광　明 밝을 명　正 바를 정　大 큰 대　광명정대

말과 행동이 떳떳하고 정당함.

曠 밝을 광　世 세상 세　之 어조사 지　才 재주 재　광세지재

세상에서 보기 드문 뛰어난 재주. 그런 재주를 가진 사람.

光 빛 광　陰 그늘 음　如 같을 여　流 흐를 류　광음여류

'세월이 흐르는 물과 같다'는 뜻으로, 세월이 물과 같이 빠르고 한번 지나면 되돌아오지 않음. 유의어 一寸光陰(일촌광음).

光 빛 광　陰 그늘 음　如 같을 여　箭 화살 전　　광음여전

세월이 쏜 화살과 같이 빠르고 한번 지나면 되돌아오지 않음을 비유하여 일컬음.

光 빛 광　風 바람 풍　霽 갤 제　月 달 월　　광풍제월

'시원한 바람과 맑은 달'이라는 뜻으로, 아무 거리낌이 없는 맑고 밝은 인품을 비유하여 일컬음. 유의어 霽月光風(제월광풍).

矯 바로잡을 교　角 뿔 각　殺 죽일 살　牛 소 우　　교각살우

'쇠의 뿔을 바로잡으려다가 소를 죽인다'는 뜻으로, 결점이나 흠을 고치려는 일이 지나쳐 도리어 일을 그르침. 유의어 矯枉過直(교왕과직).

巧 공교할 교　言 말씀 언　令 명령 영(령)　色 빛 색　　교언영색

'꾸민 말과 꾸민 얼굴'이라는 뜻으로, 남의 환심을 사기 위해 교묘히 꾸며서 하는 말과 아첨하는 얼굴빛. 반의어 剛毅木訥(강의목눌), 誠心誠意(성심성의).

교왕과직

바로잡을 교 　 굽을 왕 　 지날 과 　 곧을 직

'구부러진 것을 바로잡으려다가 지나치게 곧게 한다'는 뜻으로, 잘못을 바로잡으려다가 지나쳐서 오히려 나쁘게 됨을 일컬음.

유의어 **矯枉過正**(교왕과정).

    교주고슬

아교 교 　 기둥 주 　 북 고 　 거문고 슬

'비파나 거문고의 기둥을 아교풀로 고착시켜 버리면 한 가지 소리밖에 나지 않는다'는 뜻으로, 융통성이 없이 소견이 꽉 막힌 사람을 일컬음.

    교칠지교

아교 교 　 옻칠 칠 　 어조사 지 　 사귈 교

'아교와 옻칠처럼 끈끈한 사귐'이라는 뜻으로, 서로 달라붙어 떨어질 줄을 모름. 아주 친밀한 사귐. 유의어 **膠漆之計**(교칠지계).

    교토삼굴

교활할 교 　 토끼 토 　 석 삼 　 굴 굴

'교활한 토끼는 굴 셋을 파놓는다'는 뜻으로, 재난을 잘 피하거나 조심스럽게 몸을 숨기는 것을 일컬음. 유의어 **狡兔三穴**(교토삼혈).

교학상장

敎	學	相	長
가르칠 교	배울 학	서로 상	길 장

'가르치는 일과 배우는 일을 서로 길러준다'는 뜻으로, 가르치면서 배우고 배우는 자에게서도 가르침을 받는다는 말.

구각춘풍

口	角	春	風
입 구	뿔 각	봄 춘	바람 풍

수다스러운 말로 남을 칭찬하여 즐겁게 해줌. 또는 그런 말을 일컬음.

구곡간장

九	曲	肝	腸
아홉 구	굽을 곡	간장 간	창자 장

'굽이굽이 깊이 서린 간과 창자'라는 뜻으로, 깊은 마음속, 또는 시름이 쌓인 마음속을 비유하여 일컬음.

구관명관

舊	官	名	官
옛 구	벼슬 관	이름 명	벼슬 관

'경험이 많은 사람이 더 낫다'는 말. 또는 나중 사람을 겪어 봄으로써 먼저 사람이 좋은 줄 알게 된다는 말.

구미속초

개 구　꼬리 미　이을 속　담비 초

'담비의 꼬리가 모자라 개꼬리로 잇는다'는 뜻으로, 벼슬을 함부로 줌을 비유하여 일컬음. 훌륭한 것에 보잘것없는 것이 잇닿음을 일컬음.

구밀복검

입 구　꿀 밀　배 복　칼 검

'입에는 꿀이 있고(달콤한 말을 하면서) 뱃속에는 칼을 지녔다'는 뜻으로, 겉으로는 친한 척하지만 속으로는 해칠 생각을 품고 있음을 일컬음.

구사일생

아홉 구　죽을 사　한 일　날 생

'아홉 번 죽어 한 번 살아난다'는 뜻으로, 죽을 고비를 여러 번 넘기고 간신히 살아남. 유의어 百死一生(백사일생), 十生九死(십생구사), 萬死一生(만사일생).

구상유취

입 구　오히려 상　젖 유　냄새 취

'입에서 아직도 젖내가 난다'는 뜻으로, 말과 하는 짓이 유치한 것을 비유하여 일컬음.

苟 구차할 구　安 편안할 안　偸 훔칠 투　生 날 생　　구안투생

구차하게 일시적인 편안을 꾀하여 헛되이 살아감.

九 아홉 구　牛 소 우　一 한 일　毛 터럭 모　　구우일모

'여러 마리 소의 많은 털 중에서 한 가닥의 털'이라는 뜻으로, 대단히 많은 것 중의 아주 적은 것. 유의어 滄海一粟(창해일속), 滄海一滴(창해일적).

口 입 구　耳 귀 이　之 어조사 지　學 배울 학　　구이지학

'귀로 들은 것을 그대로 입으로 옮기는 학문'이라는 뜻으로, 남에게서 들은 것을 그대로 남에게 전할 정도밖에 되지 않는 천박한 학문. 자기 것으로 만들지 못하는 학문을 일컬음.

求 구할 구　田 밭 전　問 물을 문　舍 집 사　　구전문사

'논밭이나 살림할 집을 구하여 산다'는 뜻으로, 논밭이나 집 따위 재산에만 마음을 쓸 뿐 원대한 뜻이 없음을 일컬음.

구전지훼

구할 구　온전할 전　어조사 지　헐 훼

심신을 수양하여 온전하게 하려다가 뜻밖에 남으로부터 비방을 당함을 일 컬음.

구절양장

아홉 구　끊을 절　양 양　창자 장

'꼬불꼬불하게 굽어진 양의 창자'라는 뜻으로, 세상이 복잡하여 살아가기 어려 움의 비유.

구중궁궐

아홉 구　무거울 중　집 궁　대궐 궐

문이 겹겹이 달린 깊은 대궐.

구척장신

아홉 구　자 척　길 장　몸 신

'아홉 자나 되는 큰 키'라는 뜻으로, 아주 큰 키. 또는 그러한 사람.

구태의연

舊	態	依	然
예 구	모양 태	의지할 의	그러할 연

변하거나 진보·발전한 데가 없이 옛 모습 그대로임.

구한감우

久	旱	甘	雨
오랠 구	가물 한	달 감	비 우

오랜 가뭄 끝에 내리는 단비.

구화지문

口	禍	之	門
입 구	재앙 화	어조사 지	문 문

입이 재앙을 불러들이는 문이 됨.

유의어 駟不及舌(사불급설 : 뱉은 말은 사두마차라도 잡지 못한다).

국리민복

國	利	民	福
나라 국	이로울 리	백성 민	복 복

나라의 이익과 국민의 행복.

국사무쌍

| 나라 국 | 선비 사 | 없을 무 | 쌍 쌍 |

'천하제일의 인물'이라는 뜻으로, 온 나라에서 둘도 없는 가장 뛰어난 사람.

유의어 古今無雙(고금무쌍), 棟梁之器(동량지기).

    국천척지

| 구부릴 국 | 하늘 천 | 살금살금 걸을 척 | 땅 지 |

'머리가 하늘에 받힐까 두려워 허리를 굽힌 채 걷고, 땅이 꺼질까 걱정하여 살금살금 걷는다'는 뜻으로, 두려워 몸을 움츠림. 몸 둘 곳을 모를 정도로 겁을 먹고 두려워함. 유의어 跼蹐(국척), 跼縮(국축).

    국태민안

| 나라 국 | 태평할 태 | 백성 민 | 편안할 안 |

나라가 태평하고 백성이 살기가 편안함.

    군계일학

| 무리 군 | 닭 계 | 한 일 | 학 학 |

'무리지어 있는 닭 가운데 있는 한 마리의 학'이라는 뜻으로, 여러 평범한 사람들 가운데 뛰어난 한 사람을 일컬음. 유의어 鷄群一鶴(계군일학).

군맹상평

群	盲	象	評
무리 군	소경 맹	코끼리 상	평할 평

'여러 명의 소경이 코끼리를 평한다'는 뜻으로, 모든 사물을 자기 주관과 좁은 소견으로 잘못 판단함을 일컬음.

유의어 群盲評象(군맹평상), 群盲撫象(군맹무상), 郡盲摸象(군맹모상).

군명불수

君	命	不	受
임금 군	목숨 명	아닐 불	받을 수

'임금의 명령도 받아들여지지 않을 때가 있다'는 뜻으로, 전쟁을 수행 중인 장수는 경우에 따라 임금의 명령도 거역할 수 있음을 일컬음.

군문효수

軍	門	梟	首
군사 군	문 문	올빼미 효	머리 수

지난날, 죄인의 목을 베어 군영의 문에 높이 매달던 형벌.

군신유의

君	臣	有	義
임금 군	신하 신	있을 유	옳을 의

오륜의 하나. 임금과 신하의 도리는 의리에 있음을 일컬음.

군웅할거

| 무리 군 | 수컷 웅 | 나눌 할 | 의거할 거 |

많은 영웅들이 각지에서 세력을 떨치며 서로 맞서는 일.

군자대로

| 임금 군 | 아들 자 | 큰 대 | 길 로 |

'군자는 큰 길을 택해서 간다'는 뜻으로, 옳고 바르게 행동함으로써 남의 본보기가 된다는 말.

군자불기

| 임금 군 | 아들 자 | 아닐 불 | 그릇 기 |

'군자는 그릇이 아니다'라는 뜻으로, 군자는 한 가지 일에만 뛰어날 뿐만 아니라, 전체를 바라보는 시야와 인격이 필요함을 일컬음(지도자에게는 폭넓게 살필 줄 아는 시야가 필요함).

군자삼락

| 임금 군 | 아들 자 | 석 삼 | 즐길 락 |

군자의 세 가지 즐거움이라는 뜻으로, 부모가 다 살아계시고, 형제가 다 살아 무고하고, 하늘과 사람에게 부끄러워할 것이 없는 것. 그리고 천하의 영재를 얻어서 교육함을 일컬음. 유의어 益者三樂(익자삼요). 반의어 損者三樂(손자삼요).

군자표변

君	子	豹	變
임금 군	아들 자	범 표	변할 변

'군자의 언행은 표범의 무늬처럼 선명하게 변한다'는 뜻으로, 군자는 잘못을 깨달으면 곧바로 분명하게 고침. 또는 표범의 무늬가 두드러지듯 (명리를 위해) 성질과 태도가 급변함을 일컬음.

굴묘편시

掘	墓	鞭	屍
팔 굴	무덤 묘	채찍 편	주검 시

'묘를 파헤쳐 시체를 채찍질한다'는 뜻으로, 가혹한 복수를 일컬음. (오자서 고사)

굴정취수

堀	井	取	水
팔 굴	우물 정	취할 취	물 수

'굴을 파서 물을 얻다'는 뜻으로, 굳센 의지로 땅을 뚫고 내려가듯이 한 가지 일에 몰두함을 일컬음.

궁서설묘

窮	鼠	嚙	猫
다할 궁	쥐 서	물 설	고양이 묘

'궁지에 몰린 쥐가 고양이를 문다'는 뜻으로, 약자라도 궁지에 몰리면 필사적으로 강적에게 대항함의 비유.

궁여일책

窮	餘	一	策
다할 궁	남을 여	한 일	꾀 책

'매우 궁한 나머지 짜낸 한 가지 방책'이라는 뜻으로, 막다른 처지에서 짜내는 한 가지 계책.

궁인모사

窮	人	謀	事
다할 궁	사람 인	꾀할 모	일 사

'운수가 궁한 사람이 꾸미는 일은 실패한다'는 뜻으로, 일이 잘 이루어지지 않음을 일컬음.

궁조입회

窮	鳥	入	懷
다할 궁	새 조	들 입	품 회

'쫓기던 새가 사람의 품안으로 날아든다'는 뜻으로, 궁지에 몰린 때에는 적에게도 의지한다는 말.

권모술수

權	謀	術	數
권세 권	꾀 모	재주 술	셈 수

'권세와 모략과 중상 등 온갖 수단과 방법을 쓴다'는 뜻으로, 목적을 위해 남을 교묘하게 속이는 모략이나 술수를 일컬음. 유의어 權謀術策(권모술책).

權	不	十	年	권불십년
권세 권	아닐 불	열 십	해 년	

'권세는 십 년을 넘지 못한다'는 뜻으로, 권력이나 세도가 오래 가지 못하고 늘 변함을 일컬음. 유의어 勢不十年(세불십년), 花無十日紅(화무십일홍).

勸	善	懲	惡	권선징악
권할 권	착할 선	혼낼 징	악할 악	

착한 일을 권장하고 악한 일을 징계함.

捲	土	重	來	권토중래
말 권	흙 토	거듭할 중	올 래	

'흙을 말아 올릴 기세로 다시 쳐들어온다'는 뜻으로, 한 번 패하였다가 세력을 회복하여 다시 일어남. 공격(도전)함.

본딧말 卷土重來(권토중래) 반의어 一敗塗地(일패도지).

歸	去	來	辭	귀거래사
돌아올 귀	갈 거	올 래	말 사	

'되돌아가는 길'이라는 뜻으로, 벼슬을 그만두고 고향으로 돌아감. 벼슬에서 물러나 자신의 뜻에 따라서 자연을 사랑하는 생활로 되돌아감의 비유.

유의어 歸去來(귀거래).

歸	馬	放	牛	귀마방우
돌아갈 귀	말 마	놓을 방	소 우	

다시는 전쟁을 하지 않음을 비유하여 일컫는 말. 주나라의 무왕(武王)이 전쟁에 쓰였던 말과 소를 놓아 주었다는 고사에서 유래.

龜	毛	兔	角	귀모토각
거북 귀	털 모	토끼 토	뿔 각	

'거북의 털과 토끼의 뿔'이라는 뜻으로, 절대로 있을 수 없는 일을 비유하여 일컫는 말.

龜	背	刮	毛	귀배괄모
거북 귀	등 배	깎을 괄	털 모	

'거북의 등에서 털을 깎는다'는 뜻으로, 불가능한 일을 무리하게 하려고 함을 비유하여 일컫는 말.

隙	駒	光	陰	극구광음
틈 극	망아지 구	빛 광	그늘 음	

'광음(세월)이 달리는 말을 문틈으로 보는 것과 같다'는 뜻으로, 세월이 빨리 흐름을 뜻함. 인생의 덧없고 짧음을 일컬음.

유의어 白駒過隙(백구과극), 光陰如流(광음여류).

극기복례

克	己	復	禮
이길 극	몸 기	회복할 복	예도 례

'자기 자신의 사사로운 마음을 극복하고, 인간으로서의 기본적인 생활 습관으로 되돌아간다'는 뜻으로, 지나친 욕심을 누르고 예의범절을 좇음.

극락왕생

極	樂	往	生
다할 극	즐길 락	갈 왕	날 생

불교에서, 죽어서 극락정토(극락정토)에 가서 다시 태어남 (편안히 죽음).

극락정토

極	樂	淨	土
다할 극	즐길 락	깨끗할 정	흙 토

아미타불이 살고 있다는 정토. 곧 염불한 사람이 죽어서 가는 곳으로 안락하여 즐거움만 있다고 함.

극악무도

極	惡	無	道
다할 극	악할 악	없을 무	길 도

더없이 악하고 도의심이 없음.

근묵자흑

가까울 근　　먹 묵　　놈 자　　검을 흑

'먹을 가까이 하면 검어진다'는 뜻으로, 나쁜 사람을 가까이 하면 물들기 쉽다는 말.

    근화일몽

무궁화나무 근　　꽃 화　　한 일　　꿈 몽

'하루아침의 영화'라는 뜻으로, 인간의 덧없는 영화를 일컬음.
유의어 槿花一朝夢(근화일조몽), 人生朝露(인생조로).

    금과옥조

쇠 금　　과목 과　　구슬 옥　　가지 조

'금옥(金玉)과 같은 법률'이라는 뜻으로, 금과 옥같이 소중히 여기고 지켜야 할 규칙이나 교훈.

    금란지계

쇠 금　　난초 란(난)　　어조사 지　　맺을 계

'금과 난 같은 맺음'이라는 뜻으로, '사이좋은 벗끼리 마음을 합치면 단단한 쇠도 자를 수 있고, 우정의 아름다움은 난의 향기와 같다'는 말. 아주 친밀한 친구 사이.
유의어 管鮑之交(관포지교), 金石之交(금석지교), 莫逆之友(막역지우), 刎頸之交(문경지교).

73

錦鱗玉尺 　금린옥척

비단 금　비늘 린　구슬 옥　자 척

'비늘이 비단처럼 번쩍이는 옥 같은 큰 물고기'라는 뜻으로, 싱싱하고 아름다운 큰 물고기를 비유하여 일컫는 말.

錦上添花 　금상첨화

비단 금　위 상　더할 첨　꽃 화

'비단 위에 꽃을 더한다'는 뜻으로, 좋은 일에 또 좋은 일이 더하여짐을 일컬음.
반의어 雪上加霜(설상가상).

金石盟約 　금석맹약

쇠 금　돌 석　맹세할 맹　묶을 약

쇠나 돌처럼 단단하고 굳은 약속.

今昔之感 　금석지감

이제 금　예(옛날) 석　어조사 지　느낄 감

지금과 옛날을 비교할 때 차이가 매우 심하게 느껴지는 감정을 일컬음.

금석지교

쇠금　돌석　어조사지　사귈교

'쇠와 돌의 사귐'이라는 뜻으로, 쇠와 돌처럼 변함없는 굳은 사귐.

유의어 斷金之交(단금지교), 金蘭之契(금란지계).

 금성탕지

쇠금　성성　끓일탕　못지

'끓어오르는 못에 둘러싸인 쇠로 만든 성'이라는 뜻으로, 수비가 철석같아서 가까이 갈 수 없는 견고한 성, 견고한 경비 태세를 갖춤.

유의어 金城千里(금성천리), 金城鐵壁(금성철벽).

 금슬상화

거문고금　비파슬　서로상　조화화

'작은 거문고와 큰 거문고가 어울려서 좋은 소리를 낸다'는 뜻으로, 부부의 정이나 형제의 사이가 썩 좋음.

 금수강산

비단금　수놓을수　강강　뫼산

'비단에 수놓은 것 같은 강산'이라는 뜻으로, 아름다운 자연을 일컫는 말. 우리나라를 비유하여 일컫는 말.

今始初聞 금시초문

이제 금　비로소 시　처음 초　들을 문

듣느니 처음. 이제야 비로소 처음 들음.

金烏玉兔 금오옥토

쇠 금　까마귀 오　구슬 옥　토끼 토

'금까마귀와 옥토끼'라는 뜻으로, 해 속에는 금까마귀 무늬가 있고 달 속에는 옥토끼 문양이 있는 듯 보여, 해와 달을 가리키는 말.

錦衣夜行 금의야행

비단 금　옷 의　밤 야　갈 행

'비단 옷을 입고 밤길을 간다'는 뜻으로, 아무 보람 없는 행동이나 생색이 나지 않는 쓸데없는 일을 자랑삼아 하는 일의 비유. 아무리 내가 잘해도 남이 알아주지 않는다는 말. 유의어 繡衣夜行(수의야행), 衣錦夜行(의금야행). 반의어 錦衣晝行(금의주행).

錦衣玉食 금의옥식

비단 금　옷 의　구슬 옥　밥 식

'비단옷과 흰 쌀밥'이라는 뜻으로, 사치스러운 의식이나 부유한 생활을 일컬음.

錦 비단 금　衣 옷 의　還 돌아올 환　鄕 고향 향

금의환향

'비단 옷을 입고 고향에 돌아온다'는 뜻으로, 입신출세(立身出世)하여 사회적 성공을 거둔 후, 떳떳하게 고향에 돌아옴.

金 쇠 금　枝 가지 지　玉 구슬 옥　葉 잎 엽

금지옥엽

'황금빛 나뭇가지와 옥빛 나는 잎사귀'라는 뜻으로, 임금의 자손이나 집안, 귀여운 자식. 또는 아름답고 상서로운 구름의 비유.

유의어 公子王孫(공자왕손). 반의어 竝枝雜葉(병지잡엽).

急 급할 급　於 어조사 어　星 별 성　火 불 화

급어성화

별똥의 불빛 같이 급하고 빠르다.

掎 끌 기　角 뿔 각　之 어조사 지　勢 기세 세

기각지세

'한 사람은 뒤에서 사슴의 다리를 붙잡고 한 사람은 앞에서 뿔을 붙잡는다'는 뜻으로, 앞뒤로 적과 맞서는 태세를 일컫는 말.

氣	高	萬	丈	기고만장
기운 기	높을 고	일만 만	길이 장	

'기운의 높이가 만 길이다'이라는 뜻으로, 일이 뜻대로 잘 되어 기세가 대단하거나, 또 화를 낼 때 지나치게 자만하는 형세를 일컬음.

驥	服	鹽	車	기복염거
천리마 기	일할 복	소금 염	수레 거	

'천리마가 소금 수레를 끈다'는 뜻으로, 썩 훌륭한 인재가 낮은 지위에 있거나 하찮은 일에 쓰임의 비유.
유의어 大器小用(대기소용), 牛刀割鷄(우도할계).

起	死	回	生	기사회생
일어설 기	죽을 사	돌 회	날 생	

'죽음에서 삶을 회복한다'는 뜻으로 절망적인 상태에서 다시 살아남. 죽어가고 있는 환자를 살림.

箕	山	之	節	기산지절
키 기	뫼 산	어조사 지	절개 절	

'기산의 절개'라는 뜻으로, 굳은 절개나 신념에 충실함.
유의어 許由巢父(허유소보), 箕山之操(기산지조).

기상천외

| 기이할 기 | 생각할 상 | 하늘 천 | 바깥 외 |

'기이한 발상이 세상 밖이다'라는 뜻으로, 보통으로는 생각할 수 없는 기발하고 엉뚱한 생각을 일컬음.

    기승전결

| 일어날 기 | 이을 승 | 구를 전 | 맺을 결 |

'일이 일어나고 발전하고 변하고 끝나는 과정'이라는 뜻으로, 한시(漢詩) 구성법의 한 가지, 시의를 일으키는 '기(起)', 받아주는 '승(承)', 변화를 주는 '전(轉)', 전체를 마무리하는 '결(結)'을 일컬음.

    기왕불구

| 이미 기 | 갈 왕 | 아닐 불 | 허물 구 |

'이미 지난 일은 탓하지 아니한다'는 뜻으로, 지난 잘못을 책망해도 소용없음을 일컬음.

    기진맥진

| 기운 기 | 다할 진 | 맥 맥 | 다할 진 |

'기운이 없어지고 맥이 풀렸다'는 뜻으로, 온몸의 힘이 빠져버림.

말탈 기 　 범 호 　 어조사 지 　 기세 세

기호지세

'호랑이를 타고 달리는 기세'라는 뜻으로, 중도에 포기 할 수 없는 상태. 일단 시작한 일은 도중에서 그만두지 못하고 기세를 타고 그대로 밀고 나감. 내친걸음.

유의어 騎獸之勢(기수지세).

낙극애생

즐길 낙　　다할 극　　슬플 애　　날 생

즐거움도 극에 달하면 슬픔이 생김. 유의어 興盡悲來(흥진비래).

     낙담상혼

떨어질 낙　　쓸개 담　　죽을 상　　넋 혼

크게 낙담하여 넋을 잃음. 유의어 喪魂落膽(상혼낙담).

     낙락장송

떨어질 낙(락)　떨어질 낙(락)　길 장　　소나무 송

가지가 아래로 축축 길게 늘어진 키 큰 소나무.

     낙목한천

떨어질 낙　　나무 목　　찰 한　　하늘 천

나뭇잎이 우수수 다 떨어진, 겨울의 춥고 쓸쓸한 풍경. 또는 그러한 계절을 일컬음. 유의어 落木空山(낙목공산).

落	眉	之	厄	낙미지액
떨어질 낙	눈썹 미	어조사 지	액 액	

'눈썹에 떨어진 액'이라는 뜻으로, 뜻밖의 다급한 재앙을 일컬음.

樂	生	於	憂	낙생어우
즐길 낙	날 생	어조사 어	근심 우	

즐거움은 근심하는 가운데에서 생긴다.

洛	陽	紙	貴	낙양지귀
도읍이름 낙	볕 양	종이 지	귀할 귀	

'낙양의 종이가 귀해진다'는 뜻으로, 책이 호평을 받아 베스트셀러가 됨. 출판한 책이 잘 팔림.

<참고> 洛陽(낙양) : 진(晉)나라의 서울.

樂	而	不	淫	낙이불음
즐길 낙	어조사 이	아닐 불	지나칠 음	

'즐기되 빠지지 아니한다'는 뜻으로, 즐거움의 도가 지나치지 않게 함.

 낙정하석

떨어질 낙　우물 정　아래 하　돌 석

'우물에 빠진 사람에게 돌을 던진다'는 뜻으로, 어려움에 처한 사람에게 박해를 가함.

 낙화유수

떨어질 낙　꽃 화　흐를 유　물 수

'떨어지는 꽃잎과 흐르는 물'이라는 뜻으로, 지나가는 봄 경치나 서로 그리워하는 남녀의 심정이나 관계. 또는, 사람이나 사회가 영락(零落)하고 쇠퇴해 가는 것을 뜻함.

 난공불락

어려울 난　칠 공　아닐 불　무너질 락

공격하기 어려워 좀처럼 함락되지 않음을 일컬음.

 난신적자

어지러울 난　신하 신　해칠 적　아들 자

'나라를 어지럽히는 무리'라는 뜻으로, 임금을 해치는 신하와 어버이를 해치는 자식을 일컬음.

暖	衣	飽	食	난의포식
따뜻할 난	옷 의	물릴 포	밥 식	

'따뜻이 입고 배불리 먹는다'는 뜻으로, 의식에 부족함이 없이 편안하게 지냄.

유의어 飽食暖衣(포식난의).

難	兄	難	弟	난형난제
어려울 난	맏형 형	어려울 난	아우 제	

'누구를 형이라 하고 누구를 아우라 하기 어렵다'는 뜻으로, 두 사물이 서로 엇비슷하여 낫고 못함을 가리기 어려움을 일컬음.

유의어 伯仲之間(백중지간), 莫上莫下(막상막하), 雙璧(쌍벽).

南	柯	一	夢	남가일몽
남녘 남	나뭇가지 가	한 일	꿈 몽	

'남가(南柯)에서의 꿈'이라는 뜻으로, 덧없는 한때의 꿈이나 부귀영화.

유의어 南柯之夢(남가지몽), 一場春夢(일장춘몽).

<참고> 南柯(남가) : 당나라 양주군(揚州郡)의 이름.

南	橘	北	枳	남귤북지
남녘 남	귤나무 귤	북녘 북	탱자나무 지	

'남쪽 지방의 귤나무를 북쪽에 옮겨 심으면 탱자나무가 된다'는 뜻으로, 처지가 달라짐에 따라서 사람이 선하게도 되고 악하게도 됨. 곧 환경에 따라(때와 장소) 기질이 변함. 유의어 江南橘化爲枳(강남귤화위지).

南	男	北	女	남남북녀
남녘 남	사내 남	북녘 북	여자 녀(여)	

우리나라에서, '남자는 남부지방에서 여자는 북부지방에서 잘난 사람이 많다'는 뜻으로, 예부터 일컬어 오는 말.

男	負	女	戴	남부여대
사내 남	짐질 부	여자 녀(여)	머리에 일 대	

'남자는 등에 지고 여자는 머리에 인다'는 뜻으로, 가난한 사람이나 재난을 당한 사람들이 살 곳을 찾아 이리저리 떠돌아다님을 일컬음.

南	船	北	馬	남선북마
남녘 남	배 선	북녘 북	말 마	

옛날 중국에서, 남부에서는 강이 많아 배를 이용하고, 북부에서는 산이 많아 말을 이용한 데서 옛날의 중국 교통수단을 이르던 말. 또는 여행을 자주함을 일컬음.

男	尊	女	卑	남존여비
사내 남	높을 존	여자 녀(여)	낮을 비	

'남자는 높고 여자는 낮다'는 뜻으로, 남자를 존중하고 여자를 비천하게 여기는 생각을 일컬음. 반의어 **女尊男卑**(여존남비).

낭중지추

囊	中	之	錐
주머니 낭	가운데 중	어조사 지	송곳 추

'주머니 속의 송곳'이라는 말로, 재능이 뛰어난 사람은 숨어 있어도 그 재능이 드러나게 된다는 말.

낭자야심

狼	子	野	心
이리 낭	아들 자	들 야	마음 심

'이리와 같은 야심'이라는 뜻으로, 엉큼한 심보를 비유하여 일컫는 말.

낭중취물

囊	中	取	物
주머니 낭	가운데 중	취할 취	물건 물

'주머니 속의 물건을 얻는다'는 뜻으로, 손쉽게 얻을 수 있는 물건을 일컬음.

내우외환

内	憂	外	患
안 내	근심 우	바깥 외	근심 환

'안으로 근심이 있고, 밖으로 걱정이 있다'는 뜻으로, '내우'는 국내의 근심거리·재앙·내란이며, '외환'은 외적에 의한 불안과 환난으로, 나라 안팎의 근심거리를 일컬음.

內	柔	外	剛	내유외강
안 내	부드러울 유	바깥 외	굳셀 강	

'안으로 부드럽고 겉으로 강하다'는 뜻으로, 겉으로 보기에는 강해 보이지만 속마음이 고움. 또는, 마음이 여리면서 겉으로는 강한 체함.

유의어 **外柔內剛**(외유내강).

內	政	干	涉	내정간섭
안 내	정사 정	방패 간	건널 섭	

다른 나라의 정치나 외교에 참여함으로써 그 주권을 속박하고 침해하는 일.

內	助	之	功	내조지공
안 내	도울 조	어조사 지	공로 공	

'안에서 도와주는 공'이라는 뜻으로, 아내가 집안일을 잘 다스려 밖에서 사회활동을 하는 남편을 돕는 일. 또는, 그 공.

유의어 **內德之助**(내덕지조), **內相**(내상).

路	柳	墻	花	노류장화
길 노(로)	버들 류	담 장	꽃 화	

'길가의 버들과 담 밑의 꽃'이라는 뜻으로, 아무나 쉽게 꺾을 수 있는 길가의 버들과 담 밑의 꽃. 곧 기생이나 창녀를 일컫는 말.

老	馬	之	智	노마지지
늙을 노	말 마	어조사 지	지혜 지	

'늙은 말의 지혜'라는 뜻으로, 오랜 경험으로 사물에 익숙하여 잘 알고 있음. 또한 나름대로의 장점과 특징이 있음.

유의어 老馬之敎(노마지교), 老馬之道(노마지도).

怒	發	大	發	노발대발
성낼 노	드러날 발	큰 대	드러날 발	

몹시 크게 성을 냄.

怒	髮	衝	冠	노발충관
성낼 노	터럭 발	찌를 충	갓 관	

'심한 분노로 곤두선 머리털이 관을 추켜올린다'는 뜻으로, 크게 성이 난 모습을 비유함.

怒	蠅	拔	劍	노승발검
성낼 노	파리 승	뺄 발	칼 검	

'성가시게 구는 파리를 보고 칼을 뽑는다'는 뜻으로, 사소한 일에 화를 내거나, 작은 일에 커다란 대책을 세움을 일컬음.

노심초사

| 힘쓸 노 | 마음 심 | 애탈 초 | 생각할 사 |

애를 쓰고 속을 태움.

     노안비슬

| 남자종 노 | 얼굴 안 | 여자종 비 | 무릎 슬 |

'남자 종의 아첨하는 얼굴과 여자 종의 무릎걸음'이란 뜻으로, 노비와 같은 태도. 곧 남과의 사귐에서 지나치게 굽실거리는 비굴한 태도를 일컬음.

     노이무공

| 애쓸 노 | 어조사 이 | 없을 무 | 공로 공 |

애는 썼으나 애쓴 보람이 없음.

     녹림호걸

| 푸를 녹 | 수풀 림 | 호걸 호 | 뛰어날 걸 |

'푸른 숲의 호걸'이라는 뜻으로, 도적떼의 소굴을 일컬음.

유의어 綠林之兵(녹림지병), 綠林豪客(녹림호객).

89

綠	陰	芳	草	녹음방초
푸를 녹	그늘 음	꽃다울 방	풀 초	

'나뭇잎이 푸르고 우거진 향기 좋은 풀'이라는 뜻으로, 여름철의 푸른 자연 경치를 일컬음.

綠	衣	紅	裳	녹의홍상
푸를 녹	옷 의	붉을 홍	치마 상	

'연두색 저고리와 다홍치마'라는 뜻으로, 젊은 여인의 고운 옷차림을 일컫는 말.

論	功	行	賞	논공행상
논할 논	공로 공	갈 행	상줄 상	

'공을 따져 상을 준다'는 뜻. 논공이란 공로의 크고 작음을 조사하는 것으로, 공(功)이 있고 없음이나 크고 작음을 따져 거기에 알맞은 상을 줌.

유의어 信賞必罰(신상필벌 : 상을 줄 사람에게는 꼭 상을 주고, 벌을 줄 사람에게는 꼭 벌을 준다).

弄	假	成	眞	농가성진
희롱할 농	거짓 가	이룰 성	참 진	

장난삼아 한 것이 진심으로 한 것 같이 된다는 뜻.

농조연운

| 대그릇 농(롱) | 새 조 | 사모할 연 | 구름 운 |

'갇힌 새가 구름을 그린다'는 뜻으로, 자유 없는 사람이 자유를 그리워함의 비유.

    누란지위

| 포갤 루(누) | 알 란 | 어조사 지 | 위태로울 위 |

'쌓아올린(포개 놓은) 새알'이라는 뜻으로, 쌓아올린 새알처럼 매우 불안정하고 위험한 상태를 일컬음.

유의어 累卵之勢(누란지세), 危如累卵(위여누란), 危於累卵(위어누란).

    능곡지변

| 언덕 능(릉) | 골 곡 | 어조사 지 | 변할 변 |

'언덕과 골짜기가 뒤바뀐다'는 뜻으로, 세상일의 변천이 극심함을 비유하여 일컬음. 유의어 桑田碧海(상전벽해).

    능수능란

| 능할 능 | 손 수 | 능할 능 | 빛날 란 |

모든 일에 익숙하고 솜씨가 빼어남. 유의어 能小能大(능소능대).

  능지처참

언덕 능　　　늦을 지　　　곳 처　　　벨 참

지난날, 대역(大逆) 죄인에게 내리던 극형(머리·몸·손·팔다리를 토막 쳐서 죽임).

92

다기망양

많을 다 / 갈림길 기 / 잃을 망 / 양 양

'갈래 길이 많아 양을 잃는다'는 뜻으로, 학문의 길이 다방면으로 갈라져 있어 쉽게 진리를 찾기 어려움의 비유. 또는 방침이 여러 갈래여서 어느 것을 택할지 망설이게 됨을 일컬음. 유의어 岐路亡羊(기로망양), 亡羊之嘆(망양지탄).

    다다익선

많을 다 / 많을 다 / 더할 익 / 착할 선

'많을수록 더욱 좋다'는 뜻으로, 많으면 많을수록 더더욱 잘 처리함. 또는 처리할 수 있음. 유의어 多多益辨(다다익판).

    다문박식

많을 다 / 들을 문 / 넓을 박 / 알 식

보고 들은 것이 많고 지식이 넓음.

    다사다난

많을 다 / 일 사 / 많을 다 / 어려울 난

여러 가지 일도 많고 어려움도 많음.

유의어 内憂外患(내우외환). 반의어 平穩無事(평온무사).

多 많을 다　事 일 사　多 많을 다　忙 바쁠 망　**다사다망**

일이 많아 매우 바쁨.

多 많을 다　士 선비 사　濟 많을 제　濟 많을 제　**다사제제**

'훌륭한 인재가 많다'라는 뜻으로, 여러 선비가 모두 다 뛰어남. 훌륭한 인재가 많음.

多 많을 다　才 재주 재　多 많을 다　能 능할 능　**다재다능**

재주와 능력이 여러 가지로 많음.

多 많을 다　錢 돈 전　善 착할 선　賈 장사 고　**다전선고**

밑천이 많은 사람이 장사도 잘한다는 말.

다정다감

| 많을 다 | 뜻 정 | 많을 다 | 느낄 감 |

'인정이 많고 느낌이 많다'라는 뜻으로, 감수성이 예민하여 감동하기 쉬움.

다정불심

| 많을 다 | 뜻 정 | 부처 불 | 마음 심 |

정이 많아 자비스러운 부처님 같은 마음.

단금지계

| 끊을 단 | 쇠 금 | 어조사 지 | 맺을 계 |

매우 친밀한 우정이나 교제. 유의어 斷金之交(단금지교), 金蘭之交(금란지교).

단기지계

| 끊을 단 | 베틀 기 | 어조사 지 | 훈계 계 |

'베틀의 실을 끊은 훈계'라는 뜻으로, 학업을 중도에 그만두는 것은 마치 짜던 베틀의 실을 끊어버리는 것과 같이 아무런 공이 없다는 말.
유의어 孟母斷機(맹모단기), 斷機之敎(단기지교).

단도직입

홑 단 · 칼 도 · 곧을 직 · 들 입

'혼자서 칼을 휘두르며 적진으로 바로 쳐들어간다'는 뜻으로, 말을 하거나 글을 쓸 때 바로 본론으로 들어감.

단사표음

밥그릇 단 · 밥 사 · 바가지 표 · 마실 음

'도시락밥과 표주박의 물'이라는 뜻으로, 변변찮은 음식, 또는 청빈한 생활을 비유하여 일컫는 말. 유의어 一簞食 一瓢飮(일단사 일표음).

단순호치

붉을 단 · 입술 순 · 흴 호 · 이 치

'붉은 입술과 흰 이'라는 뜻으로, 여자의 아름다운 얼굴. 매우 아름다운 여인을 일컬음.

달인대관

통달할 달 · 사람 인 · 큰 대 · 볼 관

통달한 사람은 사물의 전체를 잘 헤아려 바르게 판단하고 그릇됨이 없다는 말.
<참고> 達人(달인) : 널리 사물의 이치에 정통한 사람. 학문이나 기예의 어떤 분야에 통달한 사람.

담소자약

| 말씀 담 | 웃을 소 | 스스로 자 | 같을 약 |

(놀랍거나 걱정스러운 일이 있어도) 웃고 이야기하는 것이 평소와 다름이 없음.
유의어 言笑自若(언소자약).

    담호호지

| 말씀 담 | 범 호 | 범 호 | 이를 지 |

'호랑이도 제 말하면 온다'는 뜻으로, 좌중에서 이야기에 오른 사람이 마침 그 자리에 나타났을 때 하는 말.

    당구풍월

| 집 당 | 개 구 | 바람 풍 | 달 월 |

'서당 개 삼 년에 풍월을 한다'는 뜻으로, 비록 무식한 사람이라도 유식한 사람들과 오래 사귀게 되면 자연 견문(見聞)이 생긴다는 말.
유의어 堂狗三年吠風月(당구삼년 폐풍월).

    당대발복

| 집 당 | 대신할 대 | 필 발 | 복 복 |

(어버이를 명당에 모신 덕으로) 당대에 부귀를 누르게 됨을 일컬음.

당동벌이

| 무리 당 | 한가지 동 | 칠 벌 | 다를 이 |

일의 옳고 그름을 가리지 않고 뜻이 맞는 사람들끼리 한패가 되고, 그렇지 않은 사람은 배척함.

유의어 同黨伐異(동당벌이), 黨利黨略(당리당략).

    당랑거철

| 사마귀 당 | 버마재비 랑 | 막을 거 | 수레바퀴 철 |

'사마귀가 팔을 벌려 수레바퀴를 막는다'는 뜻으로, 제 분수도 모르고 강한 적에게 반항하여 덤벼듦. 자신의 분수를 모르고 강대한 상대에게 도전하는 무모한 행동을 일컬음. 유의어 螳螂之斧(당랑지부).

    당랑재후

| 사마귀 당 | 버마재비 랑 | 있을 재 | 뒤 후 |

'매미를 노리는 사마귀가 뒤에서 저를 노리는 참새가 있음을 모른다'는 뜻으로, 눈앞의 욕심에만 눈이 어두워 장차 닥쳐올 재앙을 알지 못함을 비유하여 일컫는 말. 유의어 螳螂窺蟬(당랑규선).

    당리당략

| 무리 당 | 이로울 리(이) | 무리 당 | 꾀·지모 략 |

어느 한 당의 이익과 당파에서 쓰는 계략.

대간사충

| 큰 대 | 범할 간 | 같을 사 | 충성 충 |

매우 간사한 사람은 아첨하는 수단이 아주 교묘하여 흡사 크게 충성된 사람과 같아 보임.

    대갈일성

| 큰 대 | 꾸짖을 갈 | 한 일 | 소리 성 |

크게 외치는 한마디의 소리.

    대경실색

| 큰 대 | 놀랄 경 | 잃을 실 | 빛 색 |

몹시 놀라서 얼굴빛이 하얗게 변함.

   대교약졸

| 큰 대 | 공교할 교 | 같을 약 | 서투를 졸 |

훌륭한 기교는 도리어 서투른 듯함.

 대기만성

| 큰 대 | 그릇 기 | 저물 만 | 이룰 성 |

'큰 그릇은 늦게 만들어진다'는 뜻으로, 크게 될 사람은 늦게 성공한다는 말. 또는 만년(晩年)이 되어 성공하는 일. 과거에 낙방한 선비를 위로하는 말.

유의어 大器難成(대기난성), 大才晩成(대재만성).

    대대손손

| 이을 대 | 이을 대 | 자손 손 | 자손 손 |

대대로 이어 내려오는 자손. 세세손손. 자자손손.

    대도무문

| 큰 대 | 길 도 | 없을 무 | 문 문 |

'큰 길에는 문이 없다'라는 뜻으로, 사람으로서 마땅히 지켜야 할 큰 도리(道理)나 바른 길. 또는 정도(正道)에는 거칠 것이 없다. 즉 누구나 그 길을 걸으면 숨기거나 잔재주를 부릴 필요가 없다는 말.

    대동단결

| 큰 대 | 같을 동 | 둥글 단 | 맺을 결 |

많은 사람 또는 여러 당파가 큰 덩어리로 한데 뭉침.

다

대동소이

큰 대　　같을 동　　작을 소　　다를 이

'크게 보면 같고 작게 보면 다르다'는 뜻으로, 큰 차이가 없이 거의 같고 조금 다름. 서로 비슷비슷함. 유의어 五十步百步(오십보백보).

대명천지

큰 대　　밝을 명　　하늘 천　　땅 지

아주 밝은 세상.

대서특필

큰 대　　글 서　　유다를 특　　붓 필

'뚜렷이 드러나게 큰 글자로 쓴다'는 뜻으로, 신문 따위의 출판물에서 어떤 기사에 큰 비중을 두어 다룸을 일컫는 말. 유의어 特筆大書(특필대서).

대성지행

일 대　　별 성　　어조사 지　　갈 행

'별을 이고 가는 길'이라는 뜻으로, 객지에서 부모의 부음(訃音)을 받고 밤을 새워 집으로 돌아가는 일.

대성통곡

| 큰 대 | 소리 성 | 아플 통 | 울 곡 |

큰 소리로 목 놓아 슬피 욺.

대악무도

| 큰 대 | 악할 악 | 없을 무 | 길 도 |

아주 악독하고 도리에 벗어나 막됨.

대오각성

| 큰 대 | 깨달을 오 | 깨달을 각 | 깰 성 |

진실을 깊이 깨닫고 올바르게 정신을 가다듬음.

대우탄금

| 대할 대 | 소 우 | 연주할 탄 | 거문고 금 |

'소에게 거문고를 들려준다'는 뜻으로, 어리석은 사람에게 도리를 가르쳐도 소용이 없다는 말.

대의멸친

| 큰 대 | 의로울 의 | 멸할 멸 | 친할 친 |

'대의를 위해서는 친족도 멸한다'는 뜻으로, 국가의 대의를 위해서는 부모형제도 돌보지 아니함.

   대의명분

| 큰 대 | 의로울 의 | 이름 명 | 나눌 분 |

사람으로서 마땅히 지켜야 할 중대한 의리(義理)와 명분. 떳떳한 명분.

    대인군자

| 큰 대 | 사람 인 | 임금 군 | 아들 자 |

말이나 행실이 바르고 점잖으며 덕이 높은 사람.

    대한불갈

| 큰 대 | 가물 한 | 아닐 불 | 목마를 갈 |

아무리 가물어도 물이 마르지 아니함.

대자대비

| 큰 대 | 사랑할 자 | 큰 대 | 불쌍히 여길 비 |

'그지없이 넓고 큰 자비'라는 뜻으로, 관세음보살이 중생을 사랑하고 불쌍히 여기는 마음.

    도로무익

| 무리 도 | 수고로울 로 | 없을 무 | 이익 익 |

헛되이 수고만 하고 보람이 없음.

유의어 徒勞無功(도로무공), 萬事休矣(만사휴의).

    도불습유

| 길 도 | 아닐 불 | 주을 습 | 남길 유 |

'길에 떨어진 물건을 주워가지도 아니한다'는 뜻으로, 나라가 태평하고 풍습이 아름다워 백성이 길에 떨어진 물건을 주워가지도 아니함을 일컬음.

유의어 路不拾遺(노불습유).

    도삼이사

| 복숭아나무 도 | 석 삼 | 오얏나무 이 | 넉 사 |

'복숭아는 3년, 오얏나무는 4년 길러야 수확한다'라는 뜻으로, 무슨 일이든 이루어지는 데는 시간이 필요함.

도원결의

복숭아나무 도　　동산 원　　맺을 결　　의리 의

'복숭아 동산에서 의형제를 맺다' 유비·관우·장비가 복숭아 동산에서 의형제를 맺었다는 고사에서 유래하여 의형제를 맺음. 서로가 의기투합해서 함께 사업이나 일을 추진함의 비유.

    도처춘풍

이를 도　　곳 처　　봄 춘　　바람 풍

'이르는 곳마다 봄바람'이라는 뜻으로, 가는 곳마다 기분 좋은 얼굴로 남을 대하여 사람들에게 호감을 사려고 처신하는 사람을 일컬음.

    도천지수

도둑 도　　샘 천　　어조사 지　　물 수

'아무리 목이 말라도 도둑 도(盜) 자(字)가 들어 있는 이름의 샘물은 마시지 않는다'는 뜻으로, 아무리 형편이 어렵더라도 결코 부정한 짓은 할 수 없다는 말.

    도청도설

길 도　　들을 청　　진흙 도　　말 설

'길에서 들은 것을 길에서 말한다'는 뜻으로, 아무렇게나 듣고 말함. 길거리에 퍼져 돌아다니는 뜬소문.

유의어 街談巷說(가담항설). 流言蜚語(유언비어).

도탄지고

| 진흙 도 | 숯 탄 | 어조사 지 | 쓸 고 |

'진흙 속에 빠지고 숯불에 타는 듯한 고생'이라는 뜻으로, 생활이 몹시 곤궁하거나 비참한 처지를 일컬음. 유의어 水炭之苦(수탄지고).

    도행역시

| 넘을 도 | 갈 행 | 거스를 역 | 베풀 시 |

'순서를 따르지 않고 역행한다'는 뜻으로, 사람의 도리에 어긋나거나 상식에 벗어나게 행동함을 일컫는 말.

    독불장군

| 홀로 독 | 아닐 불 | 장군 장 | 군사 군 |

'혼자서는 장군을 못한다'는 뜻으로, 남의 의견을 묵살하고 저 혼자 모든 일을 처리하는 사람. 또는 따돌림을 받는 사람. 외톨이.

    독서망양

| 읽을 독 | 글 서 | 잊을 망 | 양 양 |

'책을 읽다가 양을 잃었다'는 뜻으로, 다른 일에 정신이 팔려 중요한 일을 소홀히 함을 일컫는 말.

독서백편

| 읽을 독 | 글 서 | 일백 백 | 두루 편 |

'글을 백 번 읽으면 뜻이 저절로 통한다'는 뜻으로, 어려운 글도 많이 읽으면 그 뜻을 깨치게 된다는 말. 무슨 일이든 하고 또 하는 사이에 진리를 깨닫게 된다는 말. <참고> 百遍은 여러 번을 말하며, 알 때까지라는 뜻도 있다.

    독서삼도

| 읽을 독 | 글 서 | 석 삼 | 이를 도 |

글을 읽어서 그 참뜻을 이해하려면 마음과 눈과 입을 오로지 글 읽기에 집중해야 한다는 뜻.

    독서삼매

| 읽을 독 | 글 서 | 석 삼 | 새벽 매 |

오직 책 읽기에만 골몰한 경지.

    독서삼여

| 읽을 독 | 글 서 | 석 삼 | 남을 여 |

'독서를 하기에 적당한 세 가지 여가(餘暇)'라는 뜻으로, 독서하기에 제일 좋은 겨울과 밤, 그리고 비가 올 때를 일컬음.

독서상우

讀	書	尙	友
읽을 독	글 서	오히려 상	벗 우

책을 읽음으로써 옛 현인(賢人)들과 벗할 수 있다는 말.

독수공방

獨	守	空	房
홀로 독	지킬 수	빌 공	방 방

여자가 남편 없이 혼자 밤을 지냄.

독야청청

獨	也	靑	靑
홀로 독	어조사 야	푸를 청	푸를 청

'홀로 푸르다'는 뜻으로, 홀로 높은 절개를 지켜 늘 변함이 없음.

돈수재배

頓	首	再	拜
조아릴 돈	머리 수	두 재	절 배

머리가 땅에 닿도록 두 번 절함. 또는 그 절.

同 價 紅 裳　동가홍상

같을 동　값 가　붉을 홍　치마 상

'같은 값이면 다홍치마'라는 뜻으로, 이왕이면 보기 좋은 것을 골라 가진다는 말.

同 苦 同 樂　동고동락

한가지 동　쓸 고　한가지 동　즐길 락

같이 고생하고 같이 즐김.

棟 梁 之 材　동량지재

용마루 동　들보 량　어조사 지　재목 재

한 집안이나 한 나라의 기둥이 될 만한 인물.

東 問 西 答　동문서답

동녘 동　물을 문　시녘 서　대답할 답

'동쪽 물음에 서쪽 답을 한다'라는 뜻으로, 묻는 말에 엉뚱한 대답을 함.

다

| 같을 동 | 문 문 | 닦을 수 | 배울 학 |

동문수학

한 스승 밑에서 같이 학문을 닦고 배움.

| 같을 동 | 병 병 | 서로 상 | 불쌍히 여길 련 |

동병상련

'같은 병자끼리 서로 가엾게 여긴다'는 뜻으로, 어려운 처지에 있는 사람끼리 서로 불쌍히 여겨 동정하고 도움을 일컬음.

<참고> 吳越同舟(오월동주) : 사이가 나쁜 사람끼리 같은 장소·처지에 함께 놓임.

| 동녘 동 | 분주할 분 | 서녘 서 | 달릴 주 |

동분서주

'동서로 분주하다'는 뜻으로, 이리저리 바쁘게 돌아다님을 일컬음.

| 얼 동 | 얼음 빙 | 찰 한 | 눈 설 |

동빙한설

'얼어붙은 얼음과 차가운 눈'이라는 뜻으로, 몹시 추운 겨울. 또는 곤궁에 처해 헐벗은 상태를 일컬음.

동상이몽

| 한가지 동 | 평상 상 | 다를 이 | 꿈 몽 |

'같은 침상에서 서로 다른 꿈을 꾼다'는 뜻으로, 겉으로는 같이 행동하면서 속으로는 각기 딴 생각을 함. 원래는 부부의 감정이 화목하지 못한 것을 가리켰으나, 같은 일을 하면서 제각기 타산적인 것을 비유함. 유의어 同床各夢(동상각몽).

     동선하로

| 겨울 동 | 부채 선 | 여름 하 | 화로 로 |

'겨울철 부채와 여름철 화로'라는 뜻으로, 당장 소용이 없는 물건의 비유.
유의어 夏爐冬扇(하로동선), 秋節之扇(추절지선).

     동정서벌

| 동녘 동 | 칠 정 | 서녘 서 | 정벌할 벌 |

여러 나라를 이리저리 정벌함.

     동족방뇨

| 얼 동 | 발 족 | 놓을 방 | 오줌 뇨 |

'언 발에 오줌 누기'라는 뜻으로, 한 때 도움이 될 뿐 곧 효력이 없어져 더 나쁘게 되는 일을 일컫는 말.

| 같을 동 | 겨레 족 | 서로 상 | 해칠 잔 |

동족상잔

같은 겨레끼리 서로 싸우고 죽이는 일.

| 막을 두 | 문 문 | 아닐 불 | 날 출 |

두문불출

'문을 닫아걸고 밖으로 나서지 않는다'는 뜻으로, 집 안에만 들어앉아 있고 밖에 나다니지 아니함을 일컬음.

| 얻을 득 | 언덕(농서땅) 롱 | 바랄 망 | 나라이름 촉 |

득롱망촉

'농서땅을 평정한 후, 그 승세를 몰아 촉땅을 얻으려 한다'는 뜻으로, 한 가지의 것에 만족치 않고 다시 더 이상의 것을 바람. 곧, 탐욕스러워 만족할 줄을 모름.
유의어 平隴望蜀(평롱망촉), 望蜀之歎(망촉지탄).

| 얻을 득 | 고기 어 | 잊을 망 | 통발 전 |

득어망전

'물고기를 잡고 나면 물고기 잡은 통발을 잊는다'는 뜻으로, 목적이 달성되면 목적을 위해 사용한 도구를 잊는다는 말.
유의어 兔死狗烹(토사구팽), 背恩忘德(배은망덕).

등고자비

오를 등　　　높을 고　　　스스로 자　　　낮을 비

'높은 곳에 오르려면 낮은 곳에서부터 시작해야 한다'는 뜻으로, 낮은 곳에서부터 위로 오르듯이, 모든 일은 순서를 밟아야 한다는 말. 지위가 높아질수록 자신을 낮춤.

    등하불명

등잔 등　　　아래 하　　　아닐 불　　　밝을 명

'등잔 밑이 어둡다'는 뜻으로, 가까이 있는 것을 도리어 잘 모름의 비유.

    등화가친

등잔 등　　　불 화　　　옳을 가　　　친할 친

'등잔불을 가까이 한다'는 말. 가을밤은 기후도 상쾌하고 밤도 길어, '등잔불을 가까이 할 만하다'는 뜻으로, 등불을 가까이 하여 글 읽기에 아주 좋다는 말.

마부작침

| 갈 마 | 도끼 부 | 지을 작 | 바늘 침 |

'도끼(쇠공이)를 갈아서 바늘을 만든다'는 뜻으로, 아무리 어려운 일이라도 끝까지 노력하면 성공할 수 있음. 끈기 있게 학문이나 일에 힘씀.

유의어 磨杵作針(마저작침), 鐵杵成針(철저성침).

    마이동풍

| 말 마 | 귀 이 | 동녘 동 | 바람 풍 |

'말의 귓가를 스쳐가는 동풍'이라는 뜻으로, 남의 말(비평이나 의견)을 귀담아 듣지 않고 흘려버림을 일컬음. 유의어 牛耳讀經(우이독경).

<참고> 吾不關焉(오불관언) : 나는 그 일에 상관하지 않는다.

    마중지봉

| 삼 마 | 가운데 중 | 어조사 지 | 쑥대 봉 |

'삼 밭에 난 쑥대'라는 뜻으로, 좋은 사람들 사이에 있으면 그 영향으로 자기도 모르는 사이에 좋은 사람이 됨을 일컫는 말.

    마혁과시

| 말 마 | 가죽 혁 | 쌀 과 | 주검 시 |

'말가죽으로 시체를 싼다'라는 뜻으로, 전쟁터에서 죽음. '전사한 장수의 시체를 말가죽으로 싸서 고향으로 가지고 돌아가 장사지내 주면 더 이상 바랄 것이 없다'는 말이다. 전쟁터에서 용사의 각오. 남아의 기개.

막무가내

없을 막　없을 무　옳을 가　어찌 내

도무지 융통성이 없고 고집이 세어 어찌할 수가 없음.

막상막하

없을 막　위 상　없을 막　아래 하

'위도 아니요 아래도 아니다'라는 뜻으로, 낫고 못함을 가리기 어려울 정도로 차이가 거의 없음.

막역지우

없을 막　거스를 역　어조사 지　벗 우

'서로 거슬림이 없는 친구'라는 뜻으로, 허물없이 지내는 사이좋은 친구. 더할 나위 없이 친한 친구를 일컬음.

유의어 莫逆之交(막역지교), 水魚之交(수어지교).

만경창파

일만 만　밭갈 경　푸를 창　물결 파

'만 이랑의 푸른 파도'라는 뜻으로, 한없이 넓고 푸른 바다를 일컬음.

115

마

만고풍상

| 일만 만 | 예고 | 바람 풍 | 서리 상 |

오래오래 겪어온 많은 고생.

만리동풍

| 일만 만 | 마을 리 | 같을 동 | 바람 풍 |

'온 천하에 같은 바람이 분다'라는 뜻으로, 천하가 통일되어 풍속이 같고 태평함을 일컬음.

만사형통

| 일만 만 | 일 사 | 형통할 형 | 통할 통 |

모든 일이 뜻한 바대로 잘 이루어짐.

만사휴의

| 일만 만 | 일 사 | 쉴 휴 | 어조사 의 |

'모든 일이 끝장났다'는 뜻으로, 어떻게 달리 해볼 도리가 없음. 뜻하지 않은 실패로 일이 전혀 돌이킬 수 없는 경우에 처함을 일컬음.

만산홍엽

滿	山	紅	葉
찰 만	뫼 산	붉을 홍	잎 엽

단풍이 들어 온 산에 붉은 잎이 가득한 모양.

만수무강

萬	壽	無	疆
일만 만	목숨 수	없을 무	지경 강

'수명이 끝이 없다'는 뜻으로, 한없이 목숨이 긺. 건강과 장수(長壽)를 빌 때 쓰는 말.

만시지탄

晚	時	之	歎
저물 만	때 시	어조사 지	읊을 탄

시기에 뒤늦었음을 원통해 하는 탄식.

만신창이

滿	身	瘡	痍
찰 만	몸 신	부스럼 창	상처 이

온몸이 상처투성이가 됨. 사물이 성한 데가 없을 만큼 결함이 많음.

萬	全	之	策	만전지책
일만 만	오로지 전	어조사 지	꾀 책	

'온갖 온전한 계책'이라는 뜻으로, 조금의 실수도 없는 완전한 계책을 일컬음.
유의어 萬全之計(만전지계).

萬	化	方	暢	만화방창
일만 만	꽃 화	모 방	펼 창	

'온갖 생물들이 사방에 자라 화창하다'는 뜻으로, 따뜻한 봄날에 온갖 생물이
한창 피어남을 일컬음.

亡	國	之	音	망국지음
망할 망	나라 국	어조사 지	소리 음	

'나라를 망칠 음악. 멸망한 나라의 음악'이라는 뜻으로, 음란하고 사치한 음악.
나라를 망치는 저속하고 잡스러운 음악을 일컬음.
유의어 亡國之聲(망국지성).

罔	極	之	恩	망극지은
그물(없을) 망	지극할 극	어조사 지	은혜 은	

'끝이 없는 은혜'라는 뜻으로, 지극한 은혜. 임금이나 부모의 한없는 은혜를 일
컬음.

忘	年	之	友	망년지우
잊을 망	해 년	어조사 지	벗 우	

'나이를 잊은 벗'이라는 뜻으로, 연장자가 나이를 따지지 않고 사귀는 젊은 벗. 나이의 차를 초월한 친밀한 사귐. 유의어 忘年之交(망년지교).

亡	羊	補	牢	망양보뢰
잊을 망	양 양	고칠 보	우리 뢰	

'양을 잃고 우리를 고친다'는 뜻으로, 이미 일을 그르친 뒤에 뉘우쳐도 소용없음을 일컬음. 유의어 亡牛補牢(망우보뢰 : 소 잃고 외양간 고친다).

望	洋	之	嘆	망양지탄
바랄 망	바다 양	어조사 지	탄식할 탄	

'넓은 바다를 보고 감탄한다'는 뜻으로, (타인의) 위대함에 감탄하고 자신의 미흡함을 부끄러워함을 일컬음.

忘	憂	之	物	망우지물
잊을 망	근심 우	어조사 지	만물 물	

'시름을 잊어버리게 하는 물건'이라는 뜻으로, 술을 마시면 근심을 잊는다는 데서, 술을 일컫는 말. 유의어 忘憂(망우).

망운지정

| 바랄 망 | 구름 운 | 어조사 지 | 뜻 정 |

'멀리 구름을 바라보는 정'이라는 뜻으로, 멀리 떠나 있는 자식이 고향 땅의 부모님을 그리워하는 애틋한 마음을 일컬음.

유의어 望雲之懷(망운지회), 白雲孤飛(백운고비).

    망자계치

| 죽을 망 | 아들 자 | 셀 계 | 나이 치 |

'죽은 자식 나이 세기'라는 뜻으로, 이미 지나간 쓸데없는 일을 생각하며 애석히 여김을 일컬음.

    망지소조

| 그물(없을) 망 | 알 지 | 바 소 | 둘 조 |

갈팡질팡 어찌할 바를 모름. 너무 당황하거나 급하여 어찌할 바를 모름.

    매관매직

| 팔 매 | 벼슬 관 | 팔 매 | 벼슬 직 |

벼슬을 팔고 삶. 돈이나 재물을 받고 벼슬을 시킴.

<참고> 賣買(매매) : 팔고 사는 일.

맥수지탄

| 보리 맥 | 빼어날 수 | 어조사 지 | 탄식할 탄 |

'보리가 무성한 것을 보고 짓는 탄식'이라는 말. '보리 이삭이 더부룩하게 자란 모습을 한탄하는' 것으로, 고국의 멸망을 탄식함을 일컬음.

유의어 亡國之歎(망국지탄), 麥秀黍油(맥수서유).

    맹모단기

| 맏 맹 | 어미 모 | 끊을 단 | 베틀 기 |

'맹자의 어머니가 짜고 있던 베틀의 날실을 자른다'는 뜻으로, 맹자가 학업을 중도에 폐지하고 돌아왔을 때, 그 어머니가 짜던 베를 칼로 끊어 학업의 중단을 훈계하였다는 고사에서 유래. 유의어 斷機(단기), 斷機之戒(단기지계).

    맹모삼천

| 맏 맹 | 어미 모 | 석 삼 | 옮길 천 |

'맹자의 어머니가 세 번 이사 간다'라는 뜻으로, 맹자의 어머니가 맹자의 교육을 위해 세 번이나 이사를 한 가르침. 교육에는 주위 환경이 중요하다는 가르침.

<참고> 孟子(맹자) : 공자의 도(道)를 이어 왕도 정치와 인의(仁義)를 주창한 전국시대의 철학자.

    맹인모상

| 장님 맹 | 사람 인 | 본뜰 모 | 코끼리 상 |

'눈먼 장님(앞 못 보는 사람) 코끼리 만지기'라는 뜻으로, 사물의 일면만을 보고서 마치 전체를 아는 듯이 떠들어대는 모습에 비유함.

<참고> 群盲評象(군맹평상 : 여러 눈먼 장님이 코끼리를 평한다)

맹자단청

盲	者	丹	靑
소경 맹	놈 자	붉을 단	푸를 청

'소경이 단청 구경을 한다'는 뜻으로, 사물을 바로 감정할 능력이 없어 보이는 경우를 일컫는 말.

면벽구년

面	壁	九	年
맞댈 면	바람벽 벽	아홉 구	해 년

'바람벽을 맞대고 구 년이나 지낸다'는 뜻으로, 한 가지 일에 오랫동안 온 힘을 쏟음을 비유하여 일컬음. <참고> 달마대사(達磨大師)가 소림사에서 9년 동안 벽을 마주하고 좌선하여 도(道)를 깨달았다. 〔九年面壁(구년면벽)〕.

면장우피

面	張	牛	皮
낯 면	베풀 장	소 우	가죽 피

'얼굴에 쇠가죽을 발랐다'라는 뜻으로, 몹시 뻔뻔스러움을 일컫는 말.

면종복배

面	從	腹	背
낯 면	좇을 종	배 복	등 배

'낯(얼굴)으로는 따르지만 뱃속으로는 등지다'는 뜻으로, 겉으로는 복종하는 체하면서 내심(內心)으로는 배반함.

면종후언

낯 면 | 좇을 종 | 뒤 후 | 말씀 언

앞에서 복종하는 체하면서 뒤에서 이러쿵저러쿵 비방함.

유의어 面從腹背(면종복배).

멸사봉공

멸망할 멸 | 사사 사 | 받들 봉 | 공변될 공

사를 버리고 공을 위하여 힘써 일함.

명경지수

밝을 명 | 거울 경 | 그칠 지 | 물 수

'맑은 거울같이 조용히 멈춘 물'이라는 뜻으로, 잔잔한 물처럼 맑고 고요한 심경을 일컫는 말.

명명백백

밝을 명 | 밝을 명 | 흰 백 | 흰 백

의심의 여지가 없이 매우 분명함.

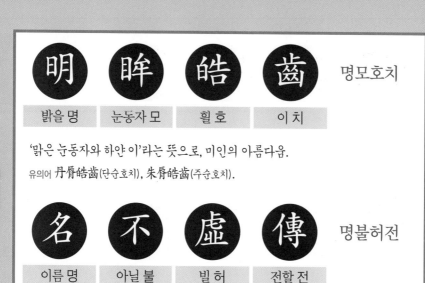

明 밝을 명　睟 눈동자 모　皓 흴 호　齒 이 치　명모호치

'맑은 눈동자와 하얀 이'라는 뜻으로, 미인의 아름다움.
유의어 丹脣皓齒(단순호치), 朱脣皓齒(주순호치).

名 이름 명　不 아닐 불　虛 빌 허　傳 전할 전　명불허전

'명성은 헛되이 퍼지지 않는다'라는 뜻으로, 이름이 널리 알려진 것은 그만한
까닭이 있음을 일컬음.

名 이름 명　山 뫼 산　大 큰 대　川 내 천　명산대천

이름난 산과 내. 경치 좋은 자연을 일컬음.

名 이름 명　實 사실 실　相 서로 상　符 부적 부　명실상부

이름과 실상이 서로 꼭 들어맞음. 반의어 名實相反(명실상반).

밝을 명 | 같을 약 | 볼 관 | 불 화

명약관화

불을 보는 것처럼 밝음. 더할 나위 없이 명백함.

목숨 명 | 있을 재 | 잠깐 경 | 새길 각

명재경각

'목숨이 경각에 있다'라는 뜻으로, 거의 죽게 되어 숨이 곧 끊어질 지경에 이름.

밝을 명 | 밝을 철 | 보전할 보 | 몸 신

명철보신

'밝게 살펴서 그 몸을 보전한다'라는 뜻으로, 매우 총명하고 사리에 밝아 모든 일을 빈틈없이 잘 처리하여 자기 자신을 잘 보전함.

털 모 | 이룰 수 | 스스로 자 | 천거할 천

모수자천

'자기(모수)가 자신을 천거한다'라는 뜻으로, 재주를 가지고 있는데도 남이 추천해 주는 사람이 없어 기다리다 못해 자기가 스스로 자신을 천거함.

유의어 牛角之歌(우각지가 : 남에게 자기를 알림).

毛 羽 未 成　모우미성

털 모　깃 우　아닐 미　이룰 성

'새의 깃이 덜 자라서 아직 날지 못한다'는 뜻으로, 사람이 아직 어리다는 말.

目 不 識 丁　목불식정

눈 목　아닐 불　알 식　고무래 정

'알기 쉬운 고무래 丁자도 알아보지 못한다'라는 뜻으로, 글자를 전혀 모르거나 그런 사람을 비유하여 일컫는 말. 유의어 一字無識(일자무식).

目 不 忍 見　목불인견

눈 목　아닐 불　참을 인　볼 견

'눈으로 차마 볼 수 없다'라는 뜻으로, 몹시 참혹하여 차마 눈뜨고 볼 수 없음을 일컬음.

目 前 之 計　목전지계

눈 목　앞 전　어조사 지　꾀 계

앞날을 보지 못하고, 눈앞에 보이는 한때만을 생각하는 꾀.

妙	技	百	出	묘기백출
묘할 묘	재주 기	일백 백	날 출	

절묘한 재주나 기술이 연이어 많이 나옴.

마

猫	頭	縣	鈴	묘두현령
고양이 묘	머리 두	매달 현	방울 령	

'고양이 목에 방울 달기'라는 뜻으로, 실행하기 어려운 공론을 일컫는 말.

無	告	之	民	무고지민
없을 무	고할 고	어조사 지	백성 민	

'고할 데가 없는 백성'이라는 뜻으로, 의지할 만한 일가붙이나 고민을 호소할
데가 없는 고독한 사람. 즉, 고아나 과부, 홀아비, 자식이 없는 늙은이처럼 어려
운 백성. 유의어 鰥寡孤獨(환과고독).

無	骨	好	人	무골호인
없을 무	뼈 골	좋을 호	사람 인	

'뼈없이 좋은 사람'이라는 뜻으로, 지극히 순하여 남의 비위에 두루 맞는 사람
을 일컫는 말.

무념무상

| 없을 무 | 생각할 념 | 없을 무 | 생각할 상 |

무아(無我)의 경지에 이르러 일체의 상념이 없음.

    무릉도원

| 호반 무 | 언덕 릉 | 복숭아나무 도 | 근원 원 |

'무릉의 복숭아 샘'이라는 뜻으로, 이 세상과 따로 떨어진 별천지. 사람들이 화목하고 행복하게 살 수 있다는 이상향(理想鄕). 유토피아.

<참고> 桃源境(도원경) : 속세를 떠난 아름답고 평화로운 곳(별천지). 이상향. 도원향. 유토피아.

    무미건조

| 없을 무 | 맛 미 | 하늘 건 | 마를 조 |

'맛이 없고 메마르다'는 뜻으로, 글이나 그림 또는 분위기 따위가 깔깔하거나 딱딱하여 운치나 재미가 없음.

    무법천지

| 없을 무 | 법 법 | 하늘 천 | 땅 지 |

제도나 질서가 문란하여 법이 없는 것과 같은 세상. 질서 없는 난폭한 행위가 행하여지는 판.

巫 무당 무　山 뫼 산　之 어조사 지　夢 꿈 몽　무산지몽

'무산에서 꾼 꿈'이라는 뜻으로, 남녀의 밀회나 정사를 일컬음. 남녀 또는 부부의 맹세. 유의어 雲雨巫山(운우무산), 朝雲暮雨(조운모우).

無 없을 무　我 나 아　陶 질그릇 도　醉 취할 취　무아도취

자기를 잊고 무엇에 흠뻑 취함.

無 없을 무　我 나 아　之 어조사 지　境 지경 경　무아지경

정신이 한곳에 통일되어 나를 잊고 있는 경지.

無 없을 무　用 쓸 용　之 어조사 지　物 만물 물　무용지물

아무짝에도 쓸모없는 물건. 또는 사람.

無	用	之	用	무용지용
없을 무	쓸 용	어조사 지	쓸 용	

'쓰이지 못할 것이 크게 쓰인다'라는 뜻으로, 언뜻 별 쓸모없는 것으로 생각 되던 것이 도리어 큰 구실을 함. 반의어 **無用之物**(무용지물).

無	爲	徒	食	무위도식
없을 무	할 위	무리 도	밥 식	

하는 일이 없고 먹기 놀기만 함. 반의어 **遊手徒食**(유수도식).

無	爲	而	化	무위이화
없을 무	할 위	어조사 이	화할 화	

'애써 공들이지 않아도 스스로 변하여 잘 이루어진다'라는 뜻으로, 노자의 사상으로 성인의 덕이 크면 클수록 백성들이 스스로 잘 따라 감화(感化)된다는 말.
유의어 **無爲自然**(무위자연).

無	主	空	山	무주공산
없을 무	주인 주	빌 공	뫼 산	

'주인 없는 빈 산'이라는 뜻으로, 인가도 인기척도 없는 쓸쓸한 산. 임자 없는 산.

문경지교

刎	頸	之	交
목 벨 문	목 경	어조사 지	사귈 교

'목을 베어 줄 정도의 교분'이라는 뜻으로, 생사를 같이하여 목이 떨어져도 두려워하지 않을 만큼 친한 사귐. 또는 그러한 벗.

유의어 管鮑之交(관포지교), 金石之交(금석지교).

   문방사우

文	房	四	友
글월 문	방 방	넉 사	벗 우

'글방의 네 가지 벗'이라는 뜻으로, 서재에 갖추어야 할 종이[紙]·붓[筆]·먹[墨]·벼루[硯]를 일컬음.

유의어 文房四寶(문방사보), 四友(사우).

   문일지십

聞	一	知	十
들을 문	한 일	알 지	열 십

'하나를 들으면 열을 안다'라는 뜻으로, 매우 이해가 빠른 것. 아주 작은 힌트로 전체를 이해할 수 있는 것. 또는 그 능력을 지닌 사람.

   문전성시

門	前	成	市
문 문	앞 전	이룰 성	저자 시

'문 앞이 저자를 이룬다'라는 뜻으로, 찾아오는 사람이 많음을 일컫는 말. 권세가나 부잣집 문 앞이 방문객으로 저자를 이루다시피 붐빔을 일컬음.

반의어 門外可設雀羅(문외가설작라).

마

물아일체

物	我	一	體
만물 물	나 아	한 일	몸 체

'자연물과 자아(自我)가 하나된 상태'라는 뜻으로, 대상물에 완전히 몰입된 경지를 일컬음. 유의어 物心一如(물심일여 : 물체(대상)와 마음이 하나의 근본으로 통합됨).

물외한인

物	外	閒	人
만물 물	바깥 외	한가할 한	사람 인

'무리의 바깥에 있는 한가로운 사람'이라는 뜻으로, 세속의 번거로움을 피하여 한가롭게 지내는 사람을 일컬음.

미사여구

美	辭	麗	句
아름다울 미	말 사	고울 여(려)	글귀 구

듣기에 좋게 아름답게 꾸민 말과 글귀. 아름다운 문구.

미생지신

尾	生	之	信
꼬리 미	날 생	어조사 지	믿을 신

'미생의 신의'라는 뜻으로, 너무 고지식해서 융통성이 없는 신의. 또는 지나치게 고지식함. 한편으로는 신의가 굳음을 뜻하기도 함.

유의어 刻舟求劍(각주구검), 守株待兎(수주대토)

밀운불우

| 빽빽할 밀 | 구름 운 | 아닐 불 | 비 우 |

'짙은 구름이 끼어 있으나 비가 오지 않는다'는 뜻으로, 어떤 일의 조건은 갖추었으나 징조만 나타나고 완전히 성사되지 않아 답답함과 불만이 폭발할 것 같은 상황.

마

박리다매

薄	利	多	賣
엷을 박	이로울 리	많을 다	팔 매

상품의 이익을 적게 보고 많이 팔아 이윤을 올리는 일.

박이부정

博	而	不	精
넓을 박	어조사 이	아닐 부	세밀할 정

널리 알기는 하지만 능숙하거나 정밀하지 못함.

박장대소

拍	掌	大	笑
칠 박	손바닥 장	큰 대	웃을 소

손뼉을 치며 한바탕 크게 웃음.

박학다식

博	學	多	識
넓을 박	배울 학	많을 다	알 식

학식이 넓고 아는 것이 많음.

反	求	諸	己	반구제기
돌이킬 반	구할 구	모든 제	몸 기

'돌이켜 자기에게서 찾을 따름이다'라는 뜻으로, 어떤 일을 자기 자신에게 돌려서 생각함. 반성하여 자신을 책망함을 일컬음.

盤	根	錯	節	반근착절
소반 반	뿌리 근	섞일 착	마디 절

'서로 엉클어진 나무뿌리와 뒤얽힌 나무옹이'라는 뜻으로, 엉클어져 처리하기 어려운 사건, 혹은 세력이 단단히 뿌리 박혀 흔들리지 않음을 비유함.

反	面	敎	師	반면교사
돌이킬 반	낯 면	가르칠 교	스승 사

'낯을 돌리는 스승'이라는 뜻으로, 다른 사람이나 사물의 부정적인 측면에서 가르침을 얻음. 유의어 他山之石(타산지석 : 다른 산의 쓸모없는 돌이라도 옥을 가는데 소용이 된다).

反	目	嫉	視	반목질시
돌이킬 반	눈 목	시기할 질	볼 시

서로 미워하고 시기하는 눈으로 봄.

바

반식대관

짝 반 | 밥 식 | 큰 대 | 관리 관

'음식에만 의지하는 대관'이라는 뜻으로, 무위도식으로 자리만 차지하고 있는 무능한 대신을 일컬음. 유의어 伴食宰相(반식재상).

반신반의

반 반 | 믿을 신 | 반 반 | 의심할 의

반쯤은 믿고 반쯤은 의심함. 유의어 긴가민가.

반포지효

돌이킬 반 | 먹일 포 | 어조사 지 | 효도 효

'까마귀 새끼가 자란 뒤에 늙은 어미에게 먹을 것을 물어다 주는 효성'이라는 뜻으로, 자식이 커서 부모를 봉양함. 또는 은혜를 갚음.

유의어 烏鳥反哺報德(오조반포보덕), 烏哺(오포).

발본색원

뺄 발 | 근본 본 | 막을 색 | 근원 원

'뿌리를 뽑고 근원을 막는다'는 뜻으로, 사물의 근본을 거슬러 올라가서 대처하는 것으로, 폐단의 근원을 아주 뽑아서 없애버림.

拔	山	蓋	世	발산개세
뺄 발	뫼 산	덮을 개	세상 세	

'산을 뽑고 세상을 덮다'라는 뜻으로, 힘이 산이라도 뽑아 던질 만하고 세상을 덮을 정도로 그 기력이 웅대함. 유의어 力拔山氣蓋世(역발산 기개세).

跋	扈	將	軍	발호장군
뛰어넘을 발	뒤따를 호	장군 장	군사 군	

'제멋대로(함부로) 날뛰는 장군'이라는 뜻으로, 통발을 뛰어넘는 큰 물고기처럼, 세력이 강해 어떻게 할 수 없음을 일컬음. <참고> 발호(跋扈)는 아랫사람이나 신하가 윗사람 또는 임금을 우습게 여겨 권한을 침범하는 경우에 쓰는 말이다.

坊	坊	曲	曲	방방곡곡
동네 방	동네 방	굽을 곡	굽을 곡	

한 군데도 빼놓지 아니한 모든 곳.

傍	若	無	人	방약무인
곁 방	같을 약	없을 무	사람 인	

'곁에 사람이 없는 것과 같다'라는 뜻으로, 남의 입장을 생각지 않고 제멋대로 마구 행동함. 또는 아무 거리낌도 없이, 버릇없이 함부로 행동함.

방저원개

方	底	園	蓋
모 방	밑 저	둥글 원	덮을 개

'네모난 바닥에 둥근 뚜껑'이란 뜻으로, 사물이 서로 맞지 아니함을 일컫는 말.

방휼지세

蚌	鷸	之	勢
방합 방	도요새 휼	어조사 지	기세 세

'도요새가 방합을 먹으려고 껍데기 속에 주둥이를 넣는 순간 방합이 껍데기를 닫아버려 결국 서로 다투는 형세가 된다'는 뜻으로, 서로 물러섬이 없이 맞서서 다투는 판세를 일컫는 말.

방휼지쟁

蚌	鷸	之	爭
방합 방	도요새 휼	어조사 지	다툴 쟁

'제삼자를 이롭게 하는 다툼'이란 뜻으로, 방합과 도요새가 다투는데 어부가 와서 방합과 도요새를 다 거두어 갔다는 고사에서 유래함.
유의어 漁父之利(어부지리), 犬兔之爭(견토지쟁).

배달민족

倍	達	民	族
곱 배	통달할 달	백성 민	겨레 족

'우리 겨레'를 예스럽게 또는 멋스럽게 일컫는 말. 배달겨레.

배수지진

背	水	之	陣
등 배	물 수	어조사 지	진칠 진

'강물을 등지고 친 진'이라는 뜻으로, 전력을 다해서 승부에 임하는 것. 또는 목숨을 걸고 결사적으로 싸움에 임하는 경우의 비유.

배은망덕

背	恩	忘	德
등 배	은혜 은	잊을 망	큰 덕

남에게서 입은 은혜와 덕택을 저버리고 배반함. 또는 그런 태도가 있음.

배중사영

杯	中	蛇	影
잔 배	가운데 중	뱀 사	그림자 영

'술잔 속에 비친 뱀 그림자'라는 뜻으로, 쓸데없는 일, 아무 것도 아닌 일로 근심하여 속을 썩임.

백가쟁명

百	家	爭	鳴
일백 백	집 가	다툴 쟁	울 명

많은 학자나 논객이 거리낌 없이 자유로이 논쟁하는 일.

백골난망

| 흰 백 | 뼈 골 | 어려울 난 | 잊을 망 |

죽어 백골이 된다하여도 은혜를 잊을 수 없음.

백구과극

| 흰 백 | 망아지 구 | 지날 과 | 틈 극 |

'흰 망아지(말)가 문틈으로 빨리 지나간다'라는 뜻으로, 인생과 세월이 덧없이 빨리 흐르는 것을 일컫는 말.

백년가약

| 일백 백 | 해 년 | 아름다울 가 | 약속할 약 |

'백년을 함께 하자는 아름다운 약속'이라는 뜻으로, 부부가 되어 한평생을 함께 살자는 약속을 일컬음.

백년지객

| 일백 백 | 해 년 | 어조사 지 | 손 객 |

'언제나 깍듯이 대해야 하는 어려운 손'이라는 뜻으로, 처가에서 사위를 일컫는 말.

百	年	大	計	백년대계
일백 백	해 년	큰 대	꾀 계	

'백년의 큰 계획'이라는 뜻으로, 먼 장래를 내다보는 원대한 계획을 일컬음.

百	年	河	淸	백년하청
일백 백	해 년	물 하	맑을 청	

백년을 기다린다 해도 황하의 물이 맑아지지 않는다. (아무리 기다려도) 바라는 것이 이루어지기 어려움.

百	年	偕	老	백년해로
일백 백	해 년	함께 해	늙을 로(노)	

'백년을 함께 늙는다'는 뜻으로, 부부가 되어 한평생을 서로 사이좋고 화락하게 함께 늙음을 일컬음.

伯	樂	一	顧	백낙일고
맏 백	즐길 락(낙)	한 일	돌아볼 고	

'백락이 한 번 뒤돌아본다'라는 뜻으로, '명마(名馬)가 백락(伯樂 : 말 감정에 뛰어난 사람)을 만나 세상에 알려진다'는 말. 자기의 재능을 남이 알아주어 인정받는 것을 일컬음.

白	面	書	生	백면서생
흰 백	낯 면	글 서	날 생	

'얼굴이 흰 선비'라는 뜻으로, 오로지 글만 읽고 세상일에 경험이 없는 사람. 풋내기.

<참고> 書生(서생) : 세상일에 서투른 선비의 비유.

百	聞	一	見	백문일견
흰 백	들을 문	한 일	볼 견	

'백 번 듣는 것이 한 번 보는 것만 못하다'라는 뜻으로, 실지로 경험해 보아야 보다 분명하게 알 수 있음을 일컫는 말.

百	發	百	中	백발백중
일백 백	쏠 발	일백 백	가운데 중	

'백 번 쏘아 백 번 맞춘다'라는 뜻으로, 총이나 활을 쏘면 어김없이 맞음. 또는 예상한 일이 꼭 들어맞음. 하는 일마다 실패 없이 잘됨을 일컬음.

百	拜	謝	罪	백배사죄
일백 백	절 배	사례할 사	죄 죄	

여러 번 절을 하며 거듭거듭 용서를 빎.

반의어 百拜謝禮(백배사례), 百拜致謝(백배치사).

흰 백　손 수　하늘 건　통달할 달

백수건달

가진 게 아무것도 없는 멀쩡한 건달.

흰 백　머리 수　북녘 북　낯 면

백수북면

'백발에도 스승 앞에 북향하고 앉아 가르침을 받는다'는 뜻으로, 학문을 닦고 인격을 높이는 데에는 연령이나 신분이 관계없음을 일컬음.

흰 백　구슬 옥　아닐 부　새길 조

백옥부조

'새하얀 옥은 새겨 넣지 않는다'는 뜻으로, 아무런 장식도 하지 않은, 있는 그대로의 아름다움. 곧, 아름다운 옥은 아무런 장식을 하지 않아도 아름답다는 말. 유의어 丹漆不文(단칠불문).

흰 백　옷 의　백성 민　겨레 족

백의민족

예부터 흰옷을 즐겨 입은 데서, 한국 민족을 일컫는 말.
반의어 白衣同胞(백의동포).

白	衣	從	軍	백의종군
흰 백	옷 의	따를 종	군사 군	

'흰옷을 입고 전투에 나간다'는 뜻으로, 벼슬이 없는 사람으로 군대를 따라 싸움터로 나아감을 일컬음.

百	戰	老	將	백전노장
일백 백	싸움 전	늙을 로(노)	장군 장	

'수없이 많은 전투를 치른 노련한 장수'라는 뜻으로, 세상일을 겪어서 여러 가지로 능란한 사람의 비유.

百	折	不	屈	백절불굴
일백 백	꺾을 절	아닐 불	굽을 굴	

'백 번 꺾여도 굴하지 않는다'는 뜻으로, 어떠한 어려움에도 결코 굽히지 않음을 일컬음. 유의어 百折不撓(백절불요).

伯	仲	之	勢	백중지세
맏 백	버금 중	어조사 지	기세 세	

'맏형과 둘째형의 기세'라는 뜻으로, 양자의 재능이 엇비슷하여 우열(愚劣)을 가릴 수가 없음. 유의어 伯仲之間(백중지간).

<참고> 伯仲叔季(백중숙계) : 네 형제의 차례. 伯은 맏이, 仲은 둘째, 叔은 셋째, 季는 막내를 일컬음.

바

백척간두

일백 백	자 척	장대 간	머리 두

'백 자나 되는 높은 장대 끝'이라는 뜻으로, 높은 장대 끝에 오른 것처럼 매우 위태롭고 어려운 상황을 일컬음. 유의어 竿頭之勢(간두지세).

    백팔번뇌

일백 백	여덟 팔	번거로울 번	괴로워할 뇌

불교에서 이르는 인간의 과거·현재·미래에 걸친 고락(苦樂) 등 108가지의 번뇌.

    백해무익

일백 백	해로울 해	없을 무	더할 익

해롭기만 하고 조금도 이로울 것이 없음.

    백화제방

일백 백	될 화	가지런할 제	놓을 방

'온갖 꽃이 일제히 핀다'라는 뜻으로, 갖가지 학문이나 예술이 함께 성함을 일컬음. 유의어 百家爭鳴(백가쟁명).

변화무상

변할 변　　될 화　　없을 무　　항상 상

변화가 많거나 심해 종잡을 수 없음.

유의어 變化無窮(변화무궁), 變化無雙(변화무쌍).

병가상사

군사 병　　집 가　　항상 상　　일 사

'전쟁의 일에서 흔히 있는 일'이라는 뜻. 전쟁에서 이기고 지는 일은 항상 흔히
있는 일이므로, '한 번의 실패에 절망하지 말라'는 뜻으로 쓰이는 말.

병입고황

병 병　　들 입　　기름 고　　명치끝 황

'병이 고황(심장과 횡격막 사이)에 들었다'라는 뜻으로, 병이 몸 속 깊이 들어 고치
기 어렵게 되었음. 또는 한 가지 일에 극단적으로 열중하여 몰두함의 비유.

병종구입

병 병　　좇을 종　　입 구　　들 입

'병은 입을 따라 들어온다'라는 뜻으로, 질병이나 재앙 등 모두가 입을 거친다
는 말. 입을 조심해야 함.

보국안민

도울 보 나라 국 편안할 안 백성 민

나랏일을 돕고 백성을 편안하게 함.

    보원이덕

갚을 보 원망할 원 써 이 덕 덕

'원한을 은덕으로 갚는다'는 뜻으로, 원수를 은혜로 갚음.

    복수불수

다시 복 물 수 아닐 불 거둘 수

'한 번 엎지른 물은 다시 거둘 수 없다'라는 뜻으로, 한 번 헤어진 부부는 다시 결합할 수 없음을 비유한 말.

유의어 覆杯之水(복배지수), 覆水不返盆(복수불반분).

    복지부동

배 복 땅 지 아닐 부 움직일 동

'땅에 엎드려 움직이지 않는다'라는 뜻으로, 마땅히 해야 할 일을 하지 않고 남의 눈치만 살핌.

본말전도

本	末	顚	倒
근본 본	끝 말	넘어질 전	넘어질 도

'일의 처음과 나중이 뒤바뀐다'는 뜻으로, 일의 근본을 잊고 사소한 부분에만 사로잡힘.

본제입납

本	第	入	納
근본 본	차례 제	들 입	들일 납

'본집으로 들어가는 편지'라는 뜻으로, 자기집에 편지를 부칠 때 편지 겉봉의 자기 이름 아래에 쓰는 말.

부귀영화

富	貴	榮	華
가멸 부	귀할 귀	영화 영	빛날 화

재산이 많고 지위가 높으며 영화로움.

부득요령

不	得	要	領
아닐 부	얻을 득	구할 요	옷깃 령

'요령을 얻지 못한다'는 뜻으로, 사물의 가장 중요한 것을 파악하지 못함의 비유. 말이나 글의 요령을 잡지 못함.

바

夫婦有別 부부유별

지아비 부　며느리 부　있을 유　다를 별

부부 사이에는 서로 침범치 못할 인륜의 구별이 있다. 오륜의 하나.

    俯仰不愧 부앙불괴

구부릴 부　우러를 앙　아닐 불　부끄러워할 괴

'굽어보나 우러러보나 부끄럽지 않다'라는 뜻으로, 하늘을 우러르고 세상을 굽어봐도 양심에 부끄러움이 없음.

    釜中生魚 부중생어

가마솥 부　가운데 중　날 생　물고기 어

'가마솥 안에서 물고기가 생기다'라는 뜻으로, 오랫동안 밥을 짓지 못하여 '솥 안에 물고기가 생겨났다'는 말. 매우 가난함을 비유하여 일컬음.

    釜中之魚 부중지어

가마솥 부　가운데 중　어조사 지　물고기 어

'가마솥 안에 든 물고기'라는 뜻으로, 곧 삶아지는 것도 모르고 솥 안에서 헤엄치고 있는 물고기. 즉 목숨이 위급할 처지에 있음.

유의어 俎上之肉(조상지육), 涸轍鮒魚(학철부어).

부지기수

不	知	其	數
아닐 부	알 지	그 기	셀 수

'그 수를 헤아릴 수 없다'라는 뜻으로, 매우 많음을 일컬음.

부창부수

夫	唱	婦	隨
지아비 부	노래 창	며느리 부	따를 수

'지아비는 이끌고 지어미는 따른다'는 뜻으로, '부부의 화합'을 뜻함. 남편이 주장하고 아내가 이에 따름.

부화뇌동

附	和	雷	同
붙을 부	고를 화	천둥 뇌	같을 동

아무런 주견이 없이 남의 의견이나 행동에 덩달아 따름.

유의어 附付雷同(부부뇌동), 阿附迎合(아부영합).

북풍한설

北	風	寒	雪
북녘 북	바람 풍	찰 한	눈 설

북쪽에서 불어오는 찬바람과 차가운 눈.

분골쇄신

| 가루 분 | 뼈 골 | 부술 쇄 | 몸 신 |

'뼈가 가루가 되고 몸이 부서진다'라는 뜻으로, 있는 힘을 다하여 노력함. 또 그렇게 힘써 일함.

분기충천

| 분할 분 | 기운 기 | 찌를 충 | 하늘 천 |

분한 마음이 하늘을 찌르듯이 솟구쳐 오름. 유의어 憤氣撑天(분기탱천).

분서갱유

| 불사를 분 | 글 서 | 구덩이 갱 | 선비 유 |

'책을 불사르고 선비를 산 채로 구덩이에 파묻다'는 뜻으로, 진(秦)나라 시황제 (始皇帝)가 정치에 대한 비판을 금하려고 책을 불사르고, 학자들을 산 채로 구덩이에 묻어 죽인 데서 '가혹한 정치', 또는 서적이나 사람을 탄압함을 일컬음.

불가사의

| 아닐 불 | 옳을 가 | 생각할 사 | 의논할 의 |

말로 나타낼 수도 없고 마음으로 헤아릴 수도 없는 오묘한 이치. 상식으로는 생각할 수 없는 이상야릇한 일.

불가항력

不	可	抗	力
아닐 불	옳을 가	막을 항	힘 력

천재지변, 우발사고 따위와 같이 사람의 힘으로는 어찌할 수 없는 힘이나 사태.

불구대천

不	俱	戴	天
아닐 불	함께 구	머리에 일 대	하늘 천

'하늘을 함께 머리에 이고 있을 수 없다'라는 뜻으로, 한 하늘 아래에 같이 살 수 없음. 반드시 죽이거나 도저히 용서할 수 없을 정도로 깊은 원한을 지님.
유의어 不俱戴天之怨讐(불구대천지원수).

불로장생

不	老	長	生
아닐 불	늙을 로(노)	길 장	날 생

늙지 않고 오래오래 삶.

불문가지

不	問	可	知
아닐 불	물을 문	옳을 가	알 지

묻지 않아도 능히 알 수 있음.

바

不	問	曲	直	불문곡직
아닐 불	물을 문	굽을 곡	곧을 직	

일의 옳고 그름을 묻지 아니함.

不	蜚	不	鳴	불비불명
아닐 불	날 비	아닐 불	울 명	

'날지도 않고 울지도 않는다'는 뜻으로, 큰일을 하기 위해 오랫동안 조용히 때를 기다림.

不	事	二	君	불사이군
아닐 불	일 사	두 이	임금 군	

한 사람이 두 임금을 섬기지 아니함.

不	撓	不	屈	불요불굴
아닐 불	휠 요	아닐 불	굽을 굴	

'휘지도 않고 굽히지도 않는다'는 뜻으로, 어려운 상황에서도 뜻이나 결심이 흔들리지도 굽히지도 않고 굳셈.

153

불원천리

不	遠	千	里
아닐 불	멀 원	일천 천	마을 리

'천리도 멀다고 여기지 않는다'는 뜻으로, 먼 길을 열심히 달려가는 것을 형용하는 말.

바

    불철주야

不	撤	晝	夜
아닐 불	거둘 철	낮 주	밤 야

밤낮을 가리지 않음. 쉴 새 없이 열심히 일에 힘씀.

    불쾌지수

不	快	指	數
아닐 불	쾌할 쾌	손가락 지	셀 수

날씨에 따라 사람이 느끼는 쾌·불쾌의 정도를 기온과 습도의 관계로 나타내는 수치.

    불편부당

不	偏	不	黨
아닐 불	치우칠 편	아닐 부	무리 당

어느 한쪽으로 치우치지 않은 공평한 태도.

鵬程萬里 붕정만리

붕새 붕　　법도 정　　일만 만　　마을 리

'붕새가 날면 단번에 만 리를 난다'라는 뜻으로, 앞길이 매우 멀고도 큼을 일컬음. 또는 대자연에 직면하여 그 광대함을 형용하는 말. 앞날이 양양함의 비유.

바

    비룡승운

날 비　　용 룡(용)　　탈 승　　구름 운

'용이 구름을 타고 하늘을 난다'라는 뜻으로, 현자(賢者)나 영웅이 시류에 편승하여 자신의 재능을 십분 발휘함을 일컬음(영웅이 때를 만나 득세함).

    비명횡사

아닐 비　　목숨 명　　가로 횡　　죽을 사

뜻밖의 재난이나 사고 따위로 죽음.

    비몽사몽

아닐 비　　꿈 몽　　같을 사　　꿈 몽

꿈속 같기도 하고 생시 같기도 한 어렴풋한 상태.

비육지탄

| 넓적다리 비 | 고기 육 | 어조사 지 | 탄식할 탄 |

'넓적다리만 살찜을 한탄한다'라는 뜻으로, 영웅이 전쟁에 나가지 못하고 넓적다리만 살찜을 한탄함. 곧 성공하지 못하고 한갓 세월만 보내는 일을 탄식함.

    비일비재

| 아닐 비 | 한 일 | 아닐 비 | 두 재 |

한두 번도 아니고 많음. 한둘이 아니고 많음.

    빈계지신

| 암컷 빈 | 닭 계 | 어조사 지 | 새벽 신 |

'암닭이 울어 때를 알린다'는 뜻으로, 여자가 남편을 업신여기어 집안 일을 자기 마음대로 처리함. 암닭이 수탉을 대신하여 때를 알리는 것은 질서가 없어졌다는 것을 뜻하며, 집안이나 나라가 망함에 비유함.

    빈자일등

| 가난할 빈 | 놈 자 | 한 일 | 등잔 등 |

'가난한 자가 바치는 한 등불'이라는 뜻으로, 불전에 바치는 가난한 사람의 정성어린 한 등이 부자의 만 등보다 낫다는 것을 말함. 물질의 많고 적음보다 정성이 소중함.

빙공영사

기댈 빙　　공변될 공　　경영할 영　　사사 사

공사(公事)를 빙자하여 사적인 이익[私利]를 꾀함.

    빙탄상애

얼음 빙　　숯 탄　　서로 상　　사랑 애

'얼음과 불이 서로 화합하다'라는 뜻으로, 세상에 그 예가 도저히 있을 수 없음의 비유. 성질이 서로 상반되는 것으로, 친구 사이에 서로 충고하고 거울삼음의 비유.

넉 사 　 돌아볼 고 　 없을 무 　 친할 친

사고무친

'사방을 돌아보아도 친한 사람이 없다'라는 뜻으로, 의지할 만한 사람이 전혀 없음.

선비 사 　 농사 농 　 장인 공 　 장사 상

사농공상

옛날 선비·농부·장인·상인 의 네 가지 신분을 이르던 말.

시시로울 사 　 이로울 리 　 사사로울 사 　 욕심 욕

사리사욕

개인의 사사로운 이익과 욕심.

넉 사 　 방위 면 　 초나라 초 　 노래 가

사면초가

'사방에서 들리는 초나라의 노래'라는 뜻으로, 사방이 적에게 포위된 상태, 또는 누구의 도움도 받을 수 없는 고립무원의 처지를 일컬음.

사

사면춘풍

| 넉 사 | 방위 면 | 봄 춘 | 바람 풍 |

'사면이 춘풍'이라는 뜻으로, 누구에게나 다 좋도록 처세하는 일, 또는 그런 사람.

사문난적

| 이(이것) 사 | 글월 문 | 어지러울 난 | 도둑 적 |

'사문을 어지럽히는 적'이라는 뜻으로, 곧 유교사상에 어긋나는 언행을 하는 사람.

사발통문

| 모래 사 | 바리때 발 | 통할 통 | 글월 문 |

주동자가 누구인지 모르도록 발기인의 이름을 둥글게 빙 둘러 적은 통문.

사분오열

| 넉 사 | 나눌 분 | 다섯 오 | 찢어질 열 (렬) |

넷으로 나누어지고 다섯으로 갈라지는 것으로 의견 등이 통일되지 못함.

사불급설

駟	不	及	舌
사마 사	아닐 불	미칠 급	혀 설

'네 말이 끄는 수레도 혀에는 못 미친다'는 뜻으로, 소문이 삽시간에 퍼지는 것을 비유한 말. 또는 말조심하라는 말.

 사상누각

沙	上	樓	閣
모래 사	위 상	다락 누	누각 각

'모래 위에 세운 누각'이라는 뜻으로, 겉모양은 번듯하나 기초가 약하여 오래가지 못하는 것. 또는 실현 불가능한 일 따위를 비유한 말. 곧, 헛됨을 일컬음.

 사숙제인

私	淑	諸	人
사사로울 사	시모할 숙	모든 제	사람 인

존경하는 사람에게 직접 가르침을 받을 수 없으나 스스로 그 사람의 인격이나 학문을 본받아서 도(道)나 학문을 닦음.

 사통오달

四	通	五	達
사방 사	통할 통	다섯 오	통달할 달

길이 여러 군데로 막힘없이 통함.

유의어 四達五通(사달오통), 四通八達(사통팔달)

사필귀정

| 일 사 | 반드시 필 | 돌아갈 귀 | 바를 정 |

'일은 반드시 바른 데로 돌아간다'는 뜻으로, 모든 잘잘못은 반드시 바른길로 돌아옴을 일컬음.

    사해형제

| 넉 사 | 바다 해 | 맏 형 | 아우 제 |

'온 천하의 사람이 다 형제와 같다'는 뜻으로, 온 천하의 사람들을 친밀히 일컬음. 유의어 胡越一家(호월일가 : 북방과 남방의 이민족이 한 집안이 됨), 四海同胞 (사해동포).

    삭탈관직

| 깎을 삭 | 빼앗을 탈 | 벼슬 관 | 벼슬 직 |

지난날, 죄를 지은 사람의 벼슬과 품계를 빼앗고 이름을 사판(仕版)에서 없애던 일.

    산고수장

| 뫼 산 | 높을 고 | 물 수 | 길 장 |

'산은 높고 물은 유유히 흐른다'는 뜻으로, 군자의 덕이 높고 큼을 일컫는 말.
<참고> 어진 사람이나 군자의 덕이 뛰어남을, 높은 산이 솟고 큰 강이 굽이쳐 흐르는 데 비유한 말.

산자수명

뫼 산　　자줏빛 자　　물 수　　밝을 명

'산색이 곱고 물이 맑다'라는 뜻으로, 산과 물의 경치가 썩 아름다움을 일컬음.

산전수전

뫼 산　　싸움 전　　물 수　　싸움 전

'산에서의 싸움과 물에서의 싸움'이라는 뜻으로, 세상의 온갖 고난을 다 겪어
세상일에 경험이 많음을 일컫는 말.

산해진미

뫼 산　　바다 해　　보배 진　　맛 미

'산과 바다의 진귀한 맛'이라는 뜻으로, 온갖 귀한 재료로 만든 맛좋은 음식을
일컬음. 유의어 水陸珍味(수륙진미).

살신성인

죽일 살　　몸 신　　이룰 성　　어질 인

'자신을 죽여서라도 인(仁)을 이룬다'는 뜻으로, 옳은 일을 위해서 목숨을 바침
을 일컬음.

삼고초려

| 석 삼 | 돌아볼 고 | 풀 초 | 오두막집 려 |

'초가집을 세 번 찾아간다'는 뜻으로, 인재를 얻기 위해 끈기 있게 노력함을 일컫는 말. 유비가 제갈공명을 군사(軍師)로 맞아들이기 위하여 세 번 찾아간 데서 유래함. 유의어 三顧之禮(삼고지례 : 사람을 맞이함에 있어 진심으로 예를 다함).

    삼라만상

| 빽빽할 삼 | 벌일 라 | 일만 만 | 코끼리 상 |

빽빽하게 벌려 있는 온갖 존재. 곧 우주의 온갖 사물과 현상을 뜻함.

    삼수갑산

| 석 삼 | 물 수 | 첫째천간 갑 | 뫼 산 |

'함경남도에 있는 삼수와 갑산이 지세가 험하고 교통이 불편하여 가기 어려운 곳'이라는 뜻으로, 몹시 어려운 지경을 비유해서 일컫는 말.

   삼십육계

| 석 삼 | 열 십 | 여섯 육 | 꾀 계 |

'서른여섯 가지 계책'이라는 뜻으로, 일의 형편이 아주 불리할 때는 이것저것 계획을 세우기보다는 달아나서 몸의 안전을 꾀하는 것이 상책이라는 말.

사

삼인성호

석 삼　　사람 인　　이룰 성　　범 호

'세 사람이 하는 똑같은 말이면 호랑이도 만든다'는 뜻으로, 아무리 근거 없는 말일지라도 여러 사람이 같은 말을 하면 사실로 믿게 된다는 말.

삼종지의

석 삼　　좇을 종　　어조사 지　　옳을 의

'여자가 지켜야 할 세 가지 도리'라는 뜻으로, 어려서는 아버지를 따르고, 시집 가서는 남편을 따르며, 남편이 죽은 뒤에는 아들(자식)을 따라야 한다는 말.

유의어 三從之德(삼종지덕), 三從之道(삼종지도)

삼척동자

석 삼　　자 척　　아이 동　　아들 자

'키가 석 자밖에 안 되는 아이'라는 뜻으로, 철부지 어린아이를 일컬음.

삼천지교

석 삼　　옮길 천　　어조사 지　　가르칠 교

'세 번 이사하여 가르쳤다'라는 뜻으로, 맹자의 어머니가 아들 교육을 위해 집을 세 번이나 이사한 일에서 유래.

상가지구

| 복입을 상 | 집 가 | 어조사 지 | 개 구 |

'초상집의 개'라는 뜻으로, 주인 없는 개. 초라한 모습으로 얻어먹을 것만 찾아 다니는 이를 빈정거리어 일컫는 말.

<참고> 정나라에 간 공자(孔子)가 길을 잃어버리고 동문 옆에 서 있는 모습.

    상궁지조

| 다칠 상 | 활 궁 | 어조사 지 | 새 조 |

'화살에 상처 입은 새'라는 뜻으로, 한 번 화살에 상처를 입은 새는 구부러진 나무만 보아도 놀란다. 어떤 일로 한 번 혼이 나면 항상 의심과 두려운 마음을 품게 됨의 비유.

    상리공생

| 서로 상 | 이로울 리 | 함께 공 | 날 생 |

상호간에 이익을 얻고 서로 도우며 같이 삶.

유의어 相扶相助(상부상조 : 서로서로 도움).

    상산사세

| 항상 상 | 뫼 산 | 뱀 사 | 기세 세 |

'상산의 뱀 형세'라는 뜻으로, 병법(兵法)에서 임기응변으로 대응할 수 있으며, 틈이나 결점이 없는 진법(陣法).

사

桑	田	碧	海	상전벽해
뽕나무 상	밭 전	푸를 벽	바다 해	

'뽕나무밭이 변하여 푸른 바다가 된다'는 뜻으로, 세상일이 덧없이 변천함이 심함을 일컬음. 유의어 滄海桑田(창해상전).

上	下	撐	石	상하탱석
위 상	아래 하	버틸 탱	돌 석	

'윗돌을 빼서 아랫돌을 괴고 아랫돌을 빼서 윗돌 괴기'라는 뜻으로, 일이 몹시 꼬여 임시변통으로 간신히 견디어 나감을 일컬음. 유의어 下石上臺(하석상대).

塞	翁	之	馬	새옹지마
변방 새	늙은이 옹	어조사 지	말 마	

'새옹의 말'이라는 뜻으로, 세상만사는 변화가 많아 어느 것이 화(禍)가 되고, 어느 것이 복(福)이 될지 알 수 없는 일. 또는, 인생의 길흉화복은 미리 헤아릴 수가 없다는 말. 유의어 人間萬事塞翁之馬(인간만사새옹지마), 轉禍爲福(전화위복).

生	老	病	死	생로병사
날 생	늙을 로	병 병	죽을 사	

불교에서 이르는 네 가지 고통. 태어 나고, 늙고, 병들고 죽는 일을 일컬음.

生	面	不	知	생면부지
날 생	낯 면	아닐 부	알 지	

이전에 만나 본 일이 없어 전혀 모르는 사람. 또는 그런 관계.

生	殺	與	奪	생살여탈
날 생	죽일 살	줄 여	빼앗을 탈	

'살리기도 하고 죽이기도 하고 빼앗기도 한다'는 뜻으로, 남의 목숨이나 재물을 마음대로 함.

黍	離	之	嘆	서리지탄
기장 서	떠날 리	어조사 지	탄식할 탄	

'궁궐터에 기장이 무성함을 한탄하다'라는 뜻으로, 나라가 망하고 옛 도성의 궁궐터가 밭으로 변해버린 것을 한탄함. 곧, 세상의 영고성쇠(榮枯盛衰)가 무상함을 한탄함. 유의어 麥秀之嘆(맥수지탄).

西	施	矉	目	서시빈목
서녘 서	베풀 시	찡그릴 빈	눈 목	

'미인 서시가 눈살을 찌푸린다'는 뜻으로, 함부로 남의 흉내를 내어, 세상 사람의 웃음거리가 됨을 일컬음. 유의어 效矉(효빈 : 덩달아 남의 흉내를 내거나 남의 결점을 장점인 줄 잘못 알고 본뜨는 일. 옳게 배우지 않고, 겉만 번지르르하게 배우는 일).

席	藁	待	罪	석고대죄
자리 석	짚고	기다릴 대	허물 죄	

'거적을 깔고 앉아 벌주기를 기다린다'는 뜻으로, 죄과에 대한 처벌을 기다림.

席	卷	之	勢	석권지세
자리 석	말 권	어조사 지	기세 세	

'자리를 마는 것과 같은 거침없는 기세'라는 뜻으로, 널리 세력을 펴는 기세.

_{유의어} 席卷(捲)(석권).

先	見	之	明	선견지명
먼저 선	볼 견	어조사 지	밝을 명	

닥쳐올 일을 미리 아는 슬기로움.

先	憂	後	樂	선우후락
먼저 선	근심할 우	뒤 후	즐길 락	

'세상 근심은 남보다 먼저 걱정하고, 즐거움은 남보다 나중 기뻐한다'라는 뜻으로, 군자(志士·仁人)의 마음가짐을 일컬음. 곧, 위정자(爲政者)나 지도자의 마음가짐.

사

선인선과

먼저 선　　　인할 인　　　먼저 선　　　결과 과

착한 일을 하면 그로 말미암아 반드시 좋은 과보(果報)를 얻게 됨을 일컫는 말.

    선즉제인

먼저 선　　　곧 즉　　　마를 제　　　사람 인

'남을 앞질러 일을 하면 남을 누르게 된다'는 뜻으로, 어떤 일에서나 남에게 선수를 빼앗겨서는 안 된다는 말.

    선풍도골

신선 선　　　바람 풍　　　길 도　　　뼈 골

'신선의 풍채와 도사의 골격'이라는 뜻으로, 보통사람보다 뛰어나게 깨끗하고 점잖게 생긴 사람을 일컬음.

    설부화용

눈 설　　　살갗 부　　　꽃 화　　　얼굴 용

'눈처럼 흰 살결과 꽃처럼 아름다운 얼굴'이라는 뜻으로, 아름다운 여인의 용모를 형용하는 말.

설상가상

눈설 | 위상 | 더할가 | 서리상

'눈 위에 또 서리가 내린다'는 뜻으로, 어려운 일이 겹침을 일컬음. 불행이 엎친데 덮치기. 반의어 錦上添花(금상첨화 : 비단 위에 꽃을 더함).

설왕설래

말씀설 | 갈왕 | 말씀설 | 올래

'말이 가고 말이 온다'라는 뜻으로, 옳고 그름을 따지느라고 서로 옥신각신함을 일컬음.

섬섬옥수

가늘섬 | 가늘섬 | 구슬옥 | 손수

가냘프고 고운 여자 손.

성공자퇴

이룰성 | 공로공 | 놈자 | 물러날퇴

공을 이룬 사람은 때를 알고 물러나야 걱정이 없다.

성동격서

소리 성 　　동녘 동 　　칠 격 　　서녘 서

'동쪽을 친다고 소문내고 실제로는 서쪽을 친다'는 뜻으로, 상대를 기만하여 기묘하게 공격함의 비유. 유의어 敵本主義(적본주의 : 목적은 딴 데 있는 듯이 꾸미고 본 목적대로 행함).

    성하지맹

성 성 　　아래 하 　　어조사 지 　　맹세 맹

'성 아래에서의 맹세'라는 뜻으로, 패전국이 적군에게 항복하고 맺는 굴욕적인 강화의 맹약을 일컬음.

    성호사서

성 성 　　여우 호 　　사직 사 　　쥐 서

'성벽에 숨어 사는 여우와 묘당에 기어든 쥐새끼'라는 뜻으로, 탐욕스럽고 흉포한 벼슬아치의 비유. 유의어 稷狐社鼠(직호사서), 君側之奸(군측지간)

    세속오계

세상 세 　　풍속 속 　　다섯 오 　　경계할 계

신라 진평왕 때, 원광법사가 지은 화랑의 계명. 사군이충(事君以忠), 사친이효(事親以孝), 교우이신(交友以信), 임전무퇴(臨戰無退), 살생유택(殺生有擇)의 다섯 가지.

해세　찰한　석삼　벗우

세한삼우

동양화의 화제로 쓰이는, 추운 겨울철에도 잘 견디는 소나무·대나무·매화 나무를 일컫는 말.

적을 소　탐할 탐　큰 대　잃을 실

소탐대실

작은 것을 탐내다가 오히려 큰 것을 잃음.

묶을 속　손 수　없을 무　꾀 책

속수무책

'손이 묶여 대책이 없다'라는 뜻으로, 손이 묶인 듯이, 어찌할 방책이 없이 꼼짝 못하게 됨.

거느릴 솔　먼저 선　드리울 수　법(본보기) 범

솔선수범

남보다 앞장서서 하여 모범을 보임.

送	舊	迎	新	송구영신
보낼 송	옛 구	맞을 영	새 신	

묵은해를 보내고 새해를 맞음.

宋	襄	之	仁	송양지인
송나라 송	도울 양	어조사 지	어질 인	

'송나라 양공(襄公)의 인정'이라는 뜻으로, 쓸데없는 인정을 베푸는 어리석음을 일컬음. 어리석은 사람의 명분론을 비웃어 일컫는 말. 무익한 동정.

首	丘	初	心	수구초심
머리 수	언덕 구	처음 초	마음 심	

'여우가 죽을 때는 자기가 살던 언덕 쪽으로 머리를 향한다'는 뜻으로, 근본을 잊지 않음의 비유. 또 고향을 그리는 마음을 비유한 말. 유의어 狐死首丘(호사수구).

垂	簾	聽	政	수렴청정
드리울 수	발 렴	들을 청	정사 정	

'발을 드리우고 정사(政事)를 처단한다'는 뜻으로, 임금이 어린 나이로 즉위하였을 때 왕대비나 대왕대비가 정사를 돌보던 일.

壽 福 康 寧　　수복강녕

목숨 수　복 복　편안할 강　편안할 녕

오래 살고 행복하며, 건강하고 편안함.

手 不 釋 卷　　수불석권

손 수　아닐 불　풀 석　책 권

'손에서 책을 놓지 않는다'는 뜻으로, 열심히 공부함을 일컬음.
유의어 **手不廢卷**(수불폐권).

首 鼠 兩 端　　수서양단

미리 수　쥐 서　둘 양　끝 단

쥐가 구멍에서 머리만 내밀고 나갈까말까 망설인다. 머뭇거리며 진퇴나 거취
를 결정짓지 못하고 관망함.

漱 石 枕 流　　수석침류

양치질할 수　돌 석　베개 침　흐를 류

'돌로 양치질하고, 흐르는 물을 베개 삼는다'라는 뜻으로, 남에게 지기 싫어하
는 마음이 강하거나, 잘못된 주장을 억지로 꿰어 맞추려는 행동을 일컬음. 유의어
枕流漱石(침류수석).

袖 소매 수　手 손 수　傍 곁 방　觀 볼 관　**수수방관**

'팔짱을 끼고 그냥 보고만 있다'라는 뜻으로, 간섭하거나 거들지 않고 그저 옆에서 보고 있기만 함.

修 닦을 수　身 몸 신　齊 가지런할 제　家 집 가　**수신제가**

마음과 행실을 바르게 하도록 심신을 닦고, 집안을 잘 다스려 바로잡음.

水 물 수　魚 물고기 어　之 어조사 지　交 사귈 교　**수어지교**

'물과 물고기의 사귐'이라는 뜻으로, 물고기가 물을 떠나서 살 수 없듯이 떨어질 수 없는 아주 가까운 사이. 부부가 화목하거나 임금과 신하 사이의 두터운 교분을 일컬음. 유의어 猶魚之有水(유어지유수 : 물고기가 물을 얻은 것과 같다).

誰 누구 수　怨 원망할 원　誰 누구 수　咎 허물 구　**수원수구**

누구를 원망하거나 누구를 탓할 수 없음을 일컬음.

유의어 誰怨孰尤(수원숙우 : 누구를 원망하고 탓하랴).

수적천석

물 수	물방울 적	뚫을 천	돌 석

'물방울이 돌을 뚫는다'는 뜻으로, 작은 노력이라도 끈기 있게 계속하면 큰 일을 이룩할 수 있음. 작은 것이라도 모이고 쌓이면 큰 것이 됨. 큰 힘을 발휘함의 비유.

    수주대토

지킬 수	그루터기 주	기다릴 대	토끼 토

'나무 그루터기를 지키며 토끼가 부딪치기를 기다린다'는 뜻으로, 착각에 사로잡혀 되지도 않을 일을 고집하는 어리석음. 융통성이 없는 것을 일컬음.
유의어 刻舟求劍(각주구검), 尾生之信(미생지신).

    수즉다욕

목숨 수	곧 즉	많을 다	욕될 욕

'오래 살면 그만큼 욕되는 일이 많다'라는 뜻으로, 오래 살면 욕됨을(수치스러운 일) 많이 겪는다는 것을 일컬음. 유의어 壽辱多(수욕다).

    수청무어

물 수	맑을 청	없을 무	물고기 어

'물이 너무 맑으면 물고기가 살지 않는다'라는 뜻으로, 청렴결백의 도가 지나치면 따르는 사람이 없음의 비유. 유의어 水至淸則無魚(수지청즉무어).

사

숙호충비

宿	虎	衝	鼻
잘 숙	범 호	찌를 충	코 비

'자는 범의 코를 찌른다'라는 뜻으로, 스스로 화를 불러들이는 일을 비유하여 일컫는 말.

순결무구

純	潔	無	垢
순수할 순	깨끗할 결	없을 무	때 구

마음과 몸이 아주 깨끗하여 조금도 더러운 티가 없음.

순망치한

脣	亡	齒	寒
입술 순	망할 망	이 치	찰 한

'입술을 잃으면 이가 시리다'라는 뜻으로, 가까운 사이의 한쪽이 망하면 다른 한쪽도 그 영향을 받아 온전치 못함을 비유하여 일컬음.

유의어 脣齒之國(순치지국), 脣齒輔車(순치보거).

술이부작

述	而	不	作
지을 술	어조사 이	아닐 부	지을 작

'이어받되 지어내지 않는다'는 뜻으로, 옛 성인(聖人)이나 현인(賢人)의 가르침을 이어받아, 개인적인 창작의 보탬이 없이 그대로 후세에 전하는 것을 일컬음. 공자의 학문에 대한 태도를 나타낸 말. 유의어 祖述(조술조술 : 선인(先人)의 사상이나 학술을 이어받아 서술함).

是	是	非	非	시시비비
옳을 시	옳을 시	아닐 비	아닐 비	

'옳은 것은 옳고 그른 것은 그르다'라는 뜻으로, 특정의 입장에 얽매이지 않고 사물의 옳은 것은 옳다고 찬성하고, 그른 것은 그르다고 반대하여 올바르게 판단함.

尸	位	素	餐	시위소찬
주검 시	자리 위	흴 소	먹을 찬	

'자리만 차지하고 녹(祿)만 받아먹는다'는 뜻으로, 분수에 걸맞지 않는 높은 자리에 앉아 아무 하는 일 없이 공으로 녹(祿)만 받아먹음.

유의어 尸祿素餐(시록소찬). 伴食宰相(반식재상).

始	終	一	貫	시종일관
저음 시	마칠 종	한 일	꿸 관	

처음부터 끝까지 똑같은 방침이나 태도로 나아감.

時	和	年	豊	시화연풍
때 시	화할 화	해 연(년)	풍성할 풍	

나라 안이 태평하고 풍년이 듦.

식소사번

먹을 식　　적을 소　　일 사　　번거로울 번

'먹을 것은 적고 할 일이 많다'는 뜻으로, 수고는 많이 하나 얻는 것이 적음. 건강을 돌보지 않고 일만 많이 함.

    식자우환

알 식　　글자 자　　근심할 우　　근심 환

글자를 아는 것이 도리어 근심을 사게 된다는 말.

    신상필벌

믿을 신　　상줄 상　　반드시 필　　벌줄 벌

'어김없이 상을 주고 꼭 벌을 준다'는 뜻으로, 상과 벌을 공정하고 엄중히 하는 일. 공이 있는 사람은 반드시 상을 주고, 죄를 범한 사람은 반드시 벌을 주는 일을 일컬음.

    신언서판

몸 신　　말씀 언　　글 서　　판단 판

'신수와 말씨, 그리고 글씨와 판단력'이라는 뜻으로, 인물을 선택하는 표준으로 삼던 네 가지 조건을 일컬음.

사

신체발부

身	體	髮	膚
몸 신	몸 체	터럭 발	살갗 부

'내 몸과 터럭과 피부'라는 뜻으로, 온몸을 일컬음.

신출귀몰

神	出	鬼	沒
귀신 신	날 출	귀신 귀	잠길 몰

'귀신처럼 자유자재로 나타났다 사라진다'라는 뜻으로, 자유자재로 출몰하여 그 변화를 헤아릴 수 없음.

신토불이

身	土	不	二
몸 신	흙 토	아닐 불	두 이

'몸과 태어난 땅은 하나다'라는 뜻으로, 자기 몸과 같은 땅에서 산출된 것이라야 체질에 잘 맞는다는 말.

실사구시

實	事	求	是
열매 실	일 사	구할 구	옳을 시

'구체적인 사실에서 옳은 것을 구한다'는 뜻으로, 사실에 근거하여 사물의 진리나 진상을 탐구하는 일

사

心 마음 심　機 틀 기　一 한 일　轉 구를 전　심기일전

어떤 동기에 의하여, 지금까지 품었던 생각과 마음의 자세를 완전히 바꿈.

深 깊을 심　思 생각할 사　熟 익을 숙　考 상고할 고　심사숙고

'깊이 생각하고 익히 상고한다'라는 뜻으로, 신중하게 곰곰이 생각함을 일컬음.

心 마음 심　猿 원숭이 원　意 뜻 의　馬 말 마　심원의마

'마음은 원숭이 같고 생각은 말과 같다'라는 뜻으로, 마음이 한곳에 머물지 못하고 먼 곳으로 달아나듯 어지러움.

十 열 십　年 해 년　減 덜 감　壽 목숨 수　십년감수

'목숨이 십년이나 줄었다'는 뜻으로, 몹시 놀랐거나 매우 위험한 고비를 겪었을 때 일컫는 말.

十年知己 십년지기

| 열 십 | 해 년 | 알 지 | 몸 기 |

오래 전부터 사귀어 온 친구.

十盲一杖 십맹일장

| 열 십 | 장님 맹 | 한 일 | 지팡이 장 |

'열 소경에 한 막대기(지팡이)'라는 뜻으로, 어떠한 사물이 여러 곳에 다같이 요긴하게 쓰이는 사물의 비유. 유의어 十瞽一杖(십고일장).

十目所視 십목소시

| 열 십 | 눈 목 | 바 소 | 보일 시 |

'여러 사람이 다같이 보고 있다'라는 뜻으로, 세상의 눈을 속일 수 없다는 말. 세상에 비밀이 없음을 일컬음.

十伐之木 십벌지목

| 열 십 | 칠 벌 | 어조사 지 | 나무 목 |

'열 번 찍어 안 넘어가는 나무 없다'라는 뜻으로, 무슨 일이든지 꾸준히 노력하면 성공함. 아무리 굳은 사람도 여러 사람으로부터 같은 거짓말을 들으면 곧이 듣게 됨. 유의어 十斫木無不顚(십작목무부전).

십시일반

| 열 십 | 숟가락 시 | 한 일 | 밥 반 |

'열 사람이 밥을 한 술씩만 보태어도 한 사람이 먹을 밥은 된다'라는 뜻으로, 여러 사람이 힘을 합하면 한 사람쯤은 구제하기 쉬움을 일컬음.

십인십색

| 열 십 | 사람 인 | 열 십 | 빛 색 |

생각과 생김새·기호 따위가 사람마다 다름을 일컫는 말.

십전구도

| 열 십 | 엎어질 전 | 아홉 구 | 거꾸러질 도 |

'열 번 엎어지고 아홉 번 거꾸러진다'는 뜻으로, 거듭되는 실패와 고통. 또는 그런 고초를 겪음을 일컫는 말.

아가사창

나 아 　　 노래 가 　　 사실할 사 　　 노래 부를 창

'내가 부를 노래를 사돈이 부른다'는 뜻으로, 나에게 책망을 들어야 할 사람이
도리어 나를 책망한다는 말.

    아동주졸

아이 아 　　 아이 동 　　 달릴 주 　　 군사 졸

철없는 아이들과 어리석은 사람들.

    아부영합

언덕 아 　　 붙을 부 　　 맞을 영 　　 합할 합

남의 비위를 맞추기 위하여 알랑거리며 붙좇고 자기의 생각을 상대편이나 세
상 풍조에 맞춤. 유의어 雷同(뇌동 : 주견 없이 남의 의견을 좇아 함께 어울림), 附和雷同(부
화뇌동), 阿附雷同(아부뇌동).

    아비규환

언덕 아 　　 코 비 　　 부르짖을 규 　　 부를 환

불교에서 말하는 가장 고통스러운 아비지옥에서 울부짖음과 같이 참혹한 고통
가운데서 살려달라고 울부짖는 상태를 일컫는 말.

   아수라장

阿	修	羅	場
언덕 아	닦을 수	그물 라	마당 장

'아수라가 제석천(帝釋天)을 상대로 싸우는 곳'이라는 뜻으로, 모진 싸움으로 처참하게 된 곳. 법석을 떨어 야단이 난 곳. (아수라는 불교에서 싸움을 일삼는 나쁜 귀신).

    아연실색

啞	然	失	色
놀랄 아	그러할 연	잃을 실	빛 색

뜻밖의 일에 어이가 없고 너무 놀라서 얼굴빛이 변함.

    아유구용

阿	諛	苟	容
언덕 아	아첨할 유	구차할 구	얼굴 용

남에게 아첨하며 구차하게 행동함.

    아전인수

我	田	引	水
나 아	밭 전	끌 인	물 수

'자기 논(밭)에 물대기'라는 뜻으로, 자기에게 유리하게 생각하거나 행동함을 일컫는 말.

악목도천

나쁠 악	나무 목	도둑 도	샘 천

굽은 나무와 훔쳐 댄 샘물. '더워도 나쁜 나무 그늘에서는 쉬지 않으며, 목이 말라도 도(盜)란 나쁜 이름이 붙은 샘물을 마시지 않는다'는 뜻으로, 아무리 곤란해도 부끄러운 일을 하지 않음의 비유. 유의어 渴不飮盜泉水(갈불음도천수).

    악사천리

나쁠 악	일 사	일천 천	마을 리

(좋은 일은 좀처럼 알려지지 않으나) 나쁜 일은 세상에 빨리 퍼짐을 일컬음.
유의어 惡事行千里(악사행천리), 言飛千里(언비천리 : 발 없는 말이 천리 간다).
〈참고〉 好事不出門(호사불출문 : 좋은 일은 잘 알려지지 않음).

    안고수비

눈 안	높을 고	손 수	낮을 비

'눈은 높으나 손은 낮다'는 뜻으로, 이상은 높으나 재주가 없어 행동이 따르지 못함.

    안분지족

편안할 안	나눌 분	알 지	발 족

제 분수에 맞게 마음 편히 여기며 만족할 줄을 앎.

안빈낙도

편안할 안	가난할 빈	즐길 낙	길 도

가난한 생활 가운데서도 탐내지 않고 편안한 마음으로 도를 즐김.

    안중지정

눈 안	가운데 중	어조사 지	못 정

'눈에 박힌 못'이라는 뜻으로, 눈에 박힌 못처럼 자신에게 해를 끼치는 사람. 또는 눈엣가시처럼 밉거나 보기 싫은 사람을 가리킴.

    안하무인

눈 안	아래 하	없을 무	사람 인

'눈 아래 사람이 없다'는 뜻으로, 교만하여 저밖에 없는 듯이 사람들을 업신여김. 유의어 眼中無人(안중무인).

    암중모색

어두울 암	가운데 중	본뜰 모	찾을 색

'어둠속에서 더듬어 찾다'라는 뜻으로, 물건을 어둠속에서 더듬어 찾음. 어림짐작으로 무엇을 찾아내려 함.

아

앙급지어

재앙 앙	미칠 급	못 지	물고기 어

'재앙이 연못의 물고기에 미치다'라는 뜻으로, '성문에 난 불을 못에 있는 물로 껐으므로 그곳의 물고기가 다 죽었다'는 고사에서, 뜻하지 않은 곳에 재앙이 미침.

    애걸복걸

슬플 애	빌 걸	엎드릴 복	빌 걸

애처롭게 사정하여 굽실거리며 빌고 또 빎.

    애인여기

사랑 애	사람 인	같을 여	몸 기

남을 사랑하기를 제 몸같이 함.

    야단법석

들 야	재터 단	법 법	자리 석

불교에서, '야외에서 베푸는 강좌'를 일컫는 말로, 부처님의 설법을 듣고자 온 사람들이 매우 많아 북적거린다는 말.

아

藥	房	甘	草	약방감초
약약	방방	달감	풀초	

한방에 꼭 들어가는 약재인 감초처럼, 어떤 일에나 빠짐없이 끼어드는 사람. 또는 그 사물을 일컫는 말.

弱	肉	强	食	약육강식
약할 약	고기 육	강할 강	밥 식	

약한 것이 강한 것에게 먹힘. 곧 생존경쟁의 격렬함을 나타내는 말.

良	禽	擇	木	양금택목
어질 양	날짐승 금	가릴 택	나무 목	

'현명한 새는 좋은 나무를 가려서 둥지를 친다'는 뜻으로, 현명한 사람은 자기 능력을 키워 줄 훌륭한 사람을 가려서 섬길 줄 앎의 비유. 환경이나 직업 같은 것을 잘 검토하고서 선택해야 함의 비유. 유의어 良禽相木棲(양금상목서).

羊	頭	狗	肉	양두구육
양 양	머리 두	개 구	고기 육	

'양의 머리를 내걸고 개고기를 판다'라는 뜻으로, 겉과 속이 일치하지 않거나, 겉은 훌륭하게 보이나 속은 변변치 않음. 유의어 懸羊頭賣狗肉(현양두매구육).

<참고> 懸牛首賣馬肉(현우수매마육 : 소머리를 내걸고 말고기를 판다).

189

양상군자

들보 양 / 위 상 / 임금 군 / 아들 자

'대들보 위의 군자'라는 뜻으로, 도둑을 빗대어 일컫는 말.

양수집병

두 양 / 손 수 / 잡을 집 / 떡 병

'두 손에 떡을 쥐었다'라는 뜻으로, 택일하기가 어려움을 일컫는 말.

아

양약고구

좋을 양 / 약 약 / 쓸 고 / 입 구

'좋은 약은 입에 쓰다'라는 뜻으로, 바르게 충고하는 말은 귀에 거슬리지만 자기를 이롭게 한다는 말. 유의어 忠言逆於耳(충언역어이 : 바른말은 귀에 거슬린다).

양지지효

봉양할 양 / 뜻 지 / 어조사 지 / 효도 효

'뜻을 봉양하는 효도'라는 뜻으로, 부모를 음식으로 봉양하는 것이 아니라, 항상 부모의 뜻을 받들어 마음을 기쁘게 해드리는 효행.

양호유환

기를 양	범 호	남길 유	근심 환

호랑이를 길렀다가 근심을 남긴다. '화근을 길러서 걱정거리를 남긴다'는 것으로 은혜를 베풀었다가 도리어 해를 당함.

유의어 養虎後患(양호후환), 養虎憂患(양호우환).

    어두육미

고기 어	머리 두	고기 육	꼬리 미

생선 고기는 머리가, 짐승 고기는 꼬리 부분이 맛있다는 말.

유의어 魚頭鳳尾(어두봉미), 魚頭一味(어두일미).

    어부지리

고기잡을 어	사내 부	어조사 지	이익 리(이)

'어부의 이익'이라는 뜻으로, 둘이 다투고 있는 사이에 엉뚱한 사람이(어부가) 애쓰지 않고 이익을 얻게 됨. 또는, 그 이익.

유의어 漁人之功(어인지공), 犬兎之爭(견토지쟁), 蚌鷸之爭(방휼지쟁).

    어불성설

말씀 어	아닐 불	이룰 성	말 설

'말이 안 된다'는 뜻으로, 하는 말이 조금도 사리에 맞지 아니함.

억강부약

抑	强	扶	弱
누를 억	강할 강	도울 부	약할 약

강자를 억누르고 약자를 붙잡아 도와줌.

반의어 **抑弱扶强**(억약부강 : 약자를 억누르고 강자를 부추김).

억조창생

億	兆	蒼	生
억 억	조 조	푸를 창	날 생

'수많은 백성'이라는 뜻으로, 수많은 세상 사람들.

언어도단

言	語	道	斷
말씀 언	말 어	길 도	끊을 단

'말이 도리에 어긋나다'라는 뜻으로, 너무 엄청나게 사리에 맞지 않거나 말로 표현할 수 없음.

언중유골

言	中	有	骨
말씀 언	가운데 중	있을 유	뼈 골

'말 속에 뼈가 있다'라는 뜻으로, 말의 외양은 예사롭고 순한 듯하나 단단한 뼈 같은 속뜻이 있다는 말.

엄이도령

| 가릴 엄 | 귀 이 | 도둑 도 | 방울 령 |

'귀를 가리고 방울을 훔치다'라는 뜻으로, 남들은 모두 자기 잘못을 아는데 그것을 숨기고 남을 속이고자 함. 유의어 掩耳偸鈴(엄이투령), 掩耳盜鍾(엄이도종).

 엄처시하

| 엄할 엄 | 아내 처 | 모실 시 | 아래 하 |

아내에게 쥐어 사는 사람을 농조로 일컫는 말.

 여도지죄

| 남을 여 | 복숭아 도 | 어조사 지 | 허물 죄 |

'먹다 남은 복숭아를 먹인 죄'라는 뜻으로, 어떤 사람에 대한 애정이 있고 없음에 따라 이전에 칭찬받았던 일도 후에 화가 되어 벌을 받게 됨을 일컫는 말. 유의어 餘桃啗君(여도담군 : 과인에게 먹이다).

 여리박빙

| 같을 여 | 밟을 리 | 엷을 박 | 얼음 빙 |

'살얼음을 밟는 것과 같다'라는 뜻으로, 처세에 극히 조심함을 일컬음. 매우 위험함의 비유. 유의어 如踏薄氷(여답박빙), 涉于春氷(섭우춘빙 : 봄철의 살얼음을 건너다).

여세추이

줄 여　세상 세　밀 추　옮길 이

세상이 변하면 함께 따라서 변함. 유의어 與世浮沈(여세부침).

여족여수

같을 여　발 족　같을 여　손 수

'발이 손과 같다'라는 뜻으로, 형제는 몸에서 떼어놓을 수 없는 팔다리와 같다는 말. 형제의 의가 두터움의 비유. 또는, 우정이 깊음의 비유.
유의어 兄弟爲手足(형제위수족), 同氣一身(동기일신).

여좌침석

같을 여　사리 좌　바늘 침　사리 석

바늘방석에 앉은 것처럼 마음이 편안하지 아니함.

역성혁명

바꿀 역　성 성　가죽 혁　목숨 명

'성을 바꾸어 천명을 바꾼다'라는 뜻으로, 어떤 성(姓)을 가진 임금에서 다른 성을 가진 임금으로 교체하는 것. 중국 고대의 정치사상으로, 천명(天命 : 하늘의 명령)에 의해 유덕(有德)한 사람이 왕위에 오르고, 천의(天意 : 하늘의 뜻)에 반하는 사람은 왕위를 잃는다는 뜻.

역지사지

易	地	思	之
바꿀 역	땅 지	생각 사	어조사 지

서로 처지를 바꾸어서 생각함.

연목구어

緣	木	求	魚
연줄 연	나무 목	구할 구	물고기 어

'나무에 올라가 물고기를 구한다'는 뜻으로, 불가능한 일을 하려함의 비유. 또는, 잘못된 방법으로 목적을 이루려 함의 비유. 수고만 하고 아무 것도 얻지 못함의 비유. 유의어 指天射魚(지천석어 : 하늘을 향하여 물고기를 맞힌다).

연작홍곡

燕	雀	鴻	鵠
제비 연	참새 작	기러기 홍	고니 곡

'제비나 참새 같은 작은 새가 어찌 기러기나 고니 같은 큰 새의 마음을 알 수 있으랴'라는 뜻으로, 소인은 큰 인물의 원대한 뜻을 알지 못함의 비유.

유의어 燕雀安知鴻鵠之志(연작안지홍곡지지).

연저지인

吮	疽	之	仁
빨 연	종기 저	어조사 지	어질 인

'피고름을 입으로 빨아 주는 어짊'이라는 뜻으로, 부하를 극진히 사랑함의 비유. 순수한 의도라기보다 어떤 목적을 달성하기 위한 가면적인 선행.

염량세태

불탈 염　　　서늘할 량　　　세상 세　　　모양 태

권세가 있을 때는 아부하고, 몰락하면 푸대접하는 세상인심을 일컬음.

    염화미소

집을 념(염)　　　꽃 화　　　작을 미　　　웃을 소

'연꽃을 들어 미소 짓다'라는 뜻으로, 말로 하지 않고 마음에서 마음으로 전하는 일을 뜻하는 말. 석가가 설법 중에 연꽃을 들어 보였을 때, 오직 제자 가섭(迦葉)만이 그 뜻을 알고 빙그레 웃었다는 고사에서 유래. 유의어 以心傳心(이심전심).

    영고성쇠

영화 영　　　오랠 고　　　성할 성　　　쇠할 쇠

개인이나 사회의 성하고 쇠함이 서로 뒤바뀌는 현상.

    예미도중

끌 예　　　꼬리 미　　　진흙 도　　　가운데 중

'꼬리를 진흙 속에 끌고 제 마음대로 다닌다'는 뜻으로, 가난하더라도 자유롭게 사는 것이 낫다는 말. 유의어 濠濮間想(호복간상 : 한적하고 고요한 경지에서 세속을 초탈하여 유유자적하며 즐기는 심정).

오곡백과

| 다섯 오 | 곡식 곡 | 일백 백 | 과실 과 |

온갖 곡식과 과실.

오리무중

| 다섯 오 | 마을 리 | 안개 무 | 가운데 중 |

'사방 오 리에 걸친 깊은 안개 속'이라는 뜻으로, 사물의 행방이나 사태의 추이가 어디에 있는지 찾을 길이 막연하거나 갈피를 잡을 수 없음을 일컫는 말. 마음이 뒤숭숭해서 뭐가 뭔지 알 수 없음.

오만무도

| 거만할 오 | 교만할 만 | 없을 무 | 길 도 |

'거만하고 교만하여 버릇이 없다'라는 뜻으로, 태도나 행동이 건방지고 버릇이 없음.

오매불망

| 깰 오 | 잠잘 매 | 아닐 불 | 잊을 망 |

자나깨나 잊지 못함.

오비삼척

吾	鼻	三	尺
나 오	코 비	석 삼	자 척

'내 코가 석 자'라는 뜻으로, 곤경에 처하여 자기 일을 감당할 수 없는데 어찌 남을 도울 수 있겠는가의 뜻.

오비이락

烏	飛	梨	落
까마귀 오	날 비	배 이	떨어질 락

'까마귀 날자 배 떨어진다'라는 뜻으로, 공교롭게 우연의 일치로 어떤 일이 일어나 의심을 받게 됨의 비유.

오설상재

吾	舌	尚	在
나 오	혀 설	오히려 상	있을 재

'내 혀가 아직 성하게 남아 있다'라는 뜻으로, 몸은 비록 망가졌어도 혀만 있다면 희망이 (천하를 움직일 수) 있다는 말.

오우천월

吳	牛	喘	月
나라이름 오	소 우	헐떡거릴 천	달 월

'오나라 물소가 달을 보고 헐떡거린다'라는 뜻으로, 지나친 생각으로 쓸데없는 걱정을 비유하여 일컫는 말.

유의어 蜀犬吠日(촉견폐일 : 촉나라의 개가 해를 보고 짖는다).

오월동주

오나라 오	월나라 월	한가지 동	배 주

'적대 관계에 있는 오나라 사람과 월나라 사람이 같은 배를 타고 있다'라는 뜻으로, 원수끼리 함께 있게 되는 경우. 또는, 원수끼리라도 함께 위급한 경우를 당하면 서로 협력하게 됨을 일컫는 말. 유의어 同舟相救(동주상구).

    오합지졸

까마귀 오	합할 합	어조사 지	군사 졸

'까마귀 떼처럼 모인 떠들기만 하는 무리'라는 뜻으로, 갑자기 모집된 훈련 안 된 군사들. 규율도 통일성도 없는 군중이나 집단. 또는, 그 군세(軍勢).
유의어 烏合之衆(오합지중), 烏集(오집).

   옥상가옥

집 옥	위 상	시렁 가	집 옥

'지붕 위에 또 지붕을 얹는다'는 뜻으로, 부질없이 더 보태어 하는 일을 비유하여 일컫는 말.

    옥석구분

구슬 옥	돌 석	함께 구	불사를 분

'옥과 돌이 함께 불에 타다'라는 뜻으로, 선인이나 악인의 구별 없이 모두 함께 재앙을 받음. 유의어 玉石同碎(옥석동쇄 : 옥과 돌이 함께 부서진다).

옥석혼효

玉	石	混	淆
구슬 옥	돌 석	섞을 혼	뒤섞일 효

'옥과 돌이 섞여 있다'라는 뜻으로, 좋은 것과 나쁜 것. 또는, 훌륭한 것과 하찮은 것이 함께 뒤섞여 있어 분간할 수가 없음.

옥오지애

屋	烏	之	愛
집 옥	까마귀 오	어조사 지	사랑 애

'사랑하는 사람이 사는 집 지붕에 있는 까마귀까지 귀엽다'라는 뜻으로, 그 사람을 사랑하면 그 주위의 모든 것을 사랑하게 된다는 말. 곧, 애정이 매우 깊음의 비유. 유의어 愛及屋烏(애급옥오).

온고지신

溫	故	知	新
따뜻할 온	예 고	알 지	새 신

'옛 것을 익히고 새 것을 안다'라는 뜻으로, 옛 것을 앎으로써 그것을 통해 새로운 것을 찾아내는 일.

와각지쟁

蝸	角	之	爭
달팽이 와	뿔 각	어조사 지	다툴 쟁

'달팽이 뿔 위에서의 싸움'이라는 뜻으로, 사소한 일로 벌이는 다툼. 또는, 인간 세계의 아무리 큰 다툼이라 해도 우주적인 관점에서 보면 아주 작은 다툼에 불과함의 비유. 유의어 蝸角相爭(와각상쟁), 蝸牛之爭(와우지쟁).

200

와신상담

누울 와　섶자리 신　맛볼 상　쓸개 담

'섶에 누워 잠을 자고 쓸개를 맛본다'라는 뜻으로, 원수를 갚기 위해, 또는, 목적을 달성하기 위해 때를 기다리며 온갖 고난을 참고 견딤.

    외유내강

바깥 외　부드러울 유　안 내　굳셀 강

'겉은 부드러우나 속은 곧고 굳다'라는 뜻으로, 겉으로는 부드럽고 순해 보이나 속(내부는) 마음은 단단하고 굳셈. 반의어 内柔外剛(내유외강).

    요동지시

멀 요　동녘 동　어조사 지　돼지 시

'요동지방의 돼지'라는 뜻으로, 혼자만 대단한 것으로 알고 우쭐해 하는 것으로 자기가 최고인 체함. 견문이 좁아서 세상에 흔한 것을 모르고 혼자 득의양양하여 자랑함을 비유함.

    요령부득

구할 요　옷깃 령　아닐 부　얻을 득

'허리와 목을 온전히 보존하지 못하다'는 뜻으로, 치마의 마(허리띠)와 저고리의 동정 깃을 잡을 수 없다. 마와 깃 부위를 잡아 올려야 치마와 저고리 전체가 쉽게 걸려온다는 데서 요령을 붙잡는다는 말이 나왔다. 사물의 중요한 부분을 잡을 수 없다는 말로, 말이나 글의 중요한 부분을 잡을 수 없음.

요산요수

좋아할 요　　뫼 산　　좋아할 요　　물 수

'산을 좋아하고 물을 좋아한다'라는 뜻으로, 산수(山水 : 자연)를 좋아함.

유의어 **知者樂水 仁者樂山**(지자요수 인자요산).

    요원지화

불놓을 요　　근원 원　　어조사 지　　불 화

'불난 벌판의 불'이라는 뜻으로, 무서운 기세로 타 나가는 벌판의 불. 세력이 대단해서 막을 수가 없음의 비유. 뜬소문이 널리 퍼짐.

유의어 **星火燎原**(성화요원 : 별똥처럼 작은 불이 들을 태운다).

    요조숙녀

아리따울 요　　정숙할 조　　맑을 숙　　어자 녀

아름답고 정숙하며 품위 있는 여자. 얌전하고 조용한 여자를 일컬음.

    요지부동

흔들 요　　어조사 지　　아닐 부　　움직일 동

흔들어도 조금도 움직이지 않음.

아

욕속부달

하고자할 욕 / 빠를 속 / 아닐 부 / 통달할 달

일을 속히 하려고 하면 도리어 이루지 못함.

용두사미

용 용(룡) / 머리 두 / 뱀 사 / 꼬리 미

'머리는 용이고 꼬리는 뱀'이라는 뜻으로, 처음은 좋으나 끝이 좋지 않음의 비유.

용사비등

용 용(룡) / 뱀 사 / 날 비 / 오를 등

'용과 뱀이 하늘로 날아오름'이라는 뜻으로, 살아 움직이듯이 매우 활기 있게 잘 쓴 필력을 일컬음.

용의주도

쓸 용 / 뜻 의 / 두루 주 / 이를 도

마음의 준비가 두루 미쳐 빈틈이 없음.

龍	虎	相	搏	용호상박
용 용(룡)	범 호	서로 상	칠 박

'용과 범이 서로 싸운다'라는 뜻으로, 역량과 세력이 비슷한 두 강자가 서로 어울려 싸움의 비유.

愚	公	移	山	우공이산
어리석을 우	공변될 공	옮길 이	뫼 산

'우공이 산을 옮긴다. 어리석은 사람이 산을 옮긴다'라는 뜻으로, 아무리 어려운 일이라도 끝까지 노력하면 목적을 달성한다는 말. 우직한 자가 더 큰일을 해냄의 비유.

牛	刀	割	鷄	우도할계
소 우	칼 도	나눌 할	닭 계

'소 잡는 칼로 닭을 잡는다'는 뜻으로, 작은 일을 하는데 너무 큰 기구를 사용함의 비유. 유의어 牛鼎鷄烹(우정계팽 : 소 삶는 솥에 닭 삶는다), 割鷄焉用牛刀 (할계언용우도 : 닭 잡는데 어찌 소 잡는 칼을 쓰겠는가).

愚	問	愚	答	우문우답
어리석을 우	물을 문	어리석을 우	대답할 답

어리석은 물음에 어리석은 대답. 반의어 愚問賢答(우문현답).

우수마발

소 우 　 오줌 수 　 말 마 　 우쩍일어날 발

'쇠오줌과 말똥'이라는 뜻으로, 가치 없는 말이나 글. 또는 품질이 떨어지거나, 가치 없는 약재의 원료를 일컫는 말.

    우여곡절

멀 우 　 남을 여 　 굽을 곡 　 꺾을 절

여러 가지로 뒤얽힌 복잡한 사정이나 변화.

아

    우유부단

넉넉할 우 　 부드러울 유 　 아닐 부 　 끊을 단

어물어물 망설이기만 하고 결단하지 못함.

    우이독경

소 우 　 귀 이 　 읽을 독 　 경전 경

'쇠귀에 경 읽기'라는 뜻으로, 아무리 가르치고 일러 주어도 알아듣지 못함의 비유. 유의어 牛耳誦經(우이송경), 馬耳東風(마이동풍), 對牛彈琴(대우탄금 : 소에게 거문고를 들려준다).

우자일득

어리석을 우　놈 자　한 일　얻을 득

어리석은 사람이라도 여러 일을 하거나 생각하다 보면 때로는 하나쯤 슬기로운 것도 있다는 말. 유의어 千慮一得(천려일득).

반의어 智者一失(지자일실), 千慮一失(천려일실).

    우직지계

멀 우　곧을 직　어조사 지　꾀 계

어떤 일을 함에 있어 멀리 돌아가는 듯하지만 실상은 그것이 지름길이라는 계책을 뜻함.

    우화등선

깃 우　화할 화　오를 등　신선 신

'몸에 날개가 나고 신선이 되어서 하늘에 올라간다'라는 뜻으로, 술에 취하여 좋은 기분에 도취됨의 비유. 혹은 세상을 떠나는 것의 의미로도 쓰임.

    우후죽순

비 우　뒤 후　대나무 죽　죽순 순

'비가 온 뒤에 우쩍 솟는 죽순'이라는 뜻으로, 어떤 일이 한때에 우쩍(많이) 일어남의 비유.

| 旭 | 日 | 昇 | 天 | 욱일승천 |
| 아침해 욱 | 날 일 | 오를 승 | 하늘 천 | |

'아침해가 떠오른다'는 뜻으로, 왕성한 기세나 그런 세력을 비유하여 일컫는 말.

| 雲 | 泥 | 之 | 差 | 운니지차 |
| 구름 운 | 진흙 니 | 어조사 지 | 다를 차 | |

'구름(하늘)과 진흙(땅)의 차이'라는 뜻으로, 서로가 매우 동떨어져 있음의 비유.

| 運 | 用 | 之 | 妙 | 운용지묘 |
| 돌 운 | 쓸 용 | 어조사 지 | 묘할 묘 | |

'기능을 부리어 묘를 살리다'는 뜻으로, 법칙은 그것을 부리어 쓰는데 따라 달라지는 것으로, 임기응변의 활용이 중요함을 일컫는 말.

| 雲 | 雨 | 之 | 樂 | 운우지락 |
| 구름 운 | 비 우 | 어조사 지 | 즐길 락 | |

'구름과 비의 즐거움'이란 뜻으로, 남녀가 육체적으로 어울리는 즐거움.

유의어 雲雨之情(운우지정), 巫山之夢(무산지몽), 巫山雲雨(무산운우).

아

운주유장

돌 운 　 산가지(계책) 주 　 휘장 유 　 장막 장

'장막 안에서 산가지를 움직인다'라는 뜻으로, 장막 속에서 작전을 세우는 일.
직접 싸움에는 나가지 않으면서 본진에 들러앉아 작전 계획을 짜는 일.

    원교근공

멀 원 　 사귈 교 　 가까울 근 　 칠 공

'먼 나라와는 친교를 맺고 이웃 나라는 침략한다'라는 뜻으로, 멀리 떨어진
나라와는 친하게 지내고, 가까이 이웃하고 있는 나라는 침략해 들어가는 외
교정책.

    원앙지계

원앙 원 　 원잉 앙 　 어조사 지 　 맺을 계

'원앙새처럼 화합하여 암수가 떨어지지 않고 사는 맺음'이라는 뜻으로, 부부간의
화목하고 즐겁게 삶의 비유.

유의어 比翼連理(비익연리), 琴瑟相和(금실상화), 偕老同穴(해로동혈).

    원입골수

원망할 원 　 들 입 　 뼈 골 　 골수 수

'원한이 뼛속까지 들어가 있다'라는 뜻으로, 원한이 뼛속에 사무침. 깊은 원한
을 품음. 유의어 怨徹骨髓(원철골수), 恨入骨髓(한입골수).

 원조방예

圓	鑿	方	枘
둥글 원	구멍 조	모 방	장부 예

'둥근 구멍에 네모난 자루를 넣는다'는 뜻으로, 사물이 서로 맞지 아니함. 일이 어긋나서 잘 맞지 않음. 유의어 方枘圓鑿(방예원조 : 모난 자루에 둥근 구멍), 方底圓蓋 (방저원개 : 모난 자루에 둥근 뚜껑), 圓孔方木(원공방목 : 둥근 구멍에 각진 나무).

  원화소복

遠	禍	召	福
멀 원	재앙 화	부를 소	복 복

화를 멀리하고 복을 불러들임.

   월만즉휴

月	滿	則	虧
달 월	찰 만	곧 즉	이지러질 휴

'달도 차면 기운다'라는 뜻으로, 무슨 일이든 성하면 쇠퇴하게 된다는 말.
유의어 月盈則虧(월영즉휴), 盛者必衰(성자필쇠 : 성한 자는 반드시 쇠한다).

   월명성희

月	明	星	稀
달 월	밝을 명	별 성	드물 희

'달이 밝으면 별빛이 희미해진다'라는 뜻으로, 능력 있는 사람이 출현하면 주위 사람들의 존재가 희미해짐의 비유. 곧, 한 영웅이 나타나면 다른 군웅(群雄)의 존재가 희미해진다는 말.

아

月	下	氷	人	월하빙인
달 월	아래 하	얼음 빙	사람 인	

'달 아래 늙은이와 얼음 밑에 있는 사람'이라는 뜻으로, 월하로(月下老)와 빙상인(氷上人)이 합쳐진 말로, 결혼을 중매해 주는 사람. 중매인(中媒人).

危	機	一	髮	위기일발
위태할 위	틀 기	한 일	머리털 발	

'한 올의 머리털에 불과할 정도의 위급한 시기'라는 뜻으로, 조금도 여유가 없이 위급한 고비에 다다른 절박한 순간. 유의어 危如一髮(위여일발), 焦眉之急 (초미지급 : 눈썹에 불은 위급함).

危	如	累	卵	위여누란
위태로울 위	같을 여	포갤 누(루)	알 란	

계란을 포개놓은 것과 같은 위태로움의 비유. 유의어 累卵之危(누란지위).

韋	編	三	絶	위편삼절
가죽 위	엮을 편	석 삼	끊을 절	

'가죽으로 맨 책의 끈이 세 번이나 닳아 끊어지다'라는 뜻으로, 독서에 열중함을 일컬음.

유교무류

| 있을 유 | 가르칠 교 | 없을 무 | 무리 류 |

'가르침은 있으나 종류는 없다'라는 뜻으로, 모든 사람을 가르쳐 이끌어 줄 뿐, 가르치는 상대에게 차별을 두지 않는다.

    유구무언

| 있을 유 | 입 구 | 없을 무 | 말씀 언 |

'입은 있으나 할 말이 없다'는 뜻으로, 변명할 말이 없음.

    유능제강

| 부드러울 유 | 능할 능 | 마를 제 | 굳셀 강 |

부드러운 것이 오히려 강하고 굳센 것을 이김(제압함).

유의어 齒亡舌存(치망설존 : 이가 깨지고 부드러운 혀가 남는다).

    유만부동

| 무리 유(류) | 일만 만 | 아닐 부 | 한가지 동 |

'종류가 만 가지이지만 동일하지는 않다'라는 뜻으로, 여러 가지가 많이 있지만 서로 같지 않음. 또는 정도에 벗어남.

유무상통

있을 유 / 없을 무 / 서로 상 / 통할 통

'있는 것과 없는 것을 서로 보완하여 융통하다'라는 뜻으로, 서로 교역함.

유방백세

흐를 유 / 꽃다울 방 / 일백 백 / 세대 세

꽃다운 이름이 후세에 오래 남음.

유비무환

있을 유 / 갖출 비 / 없을 무 / 근심 환

미리 준비가 되어 있으면 근심할 것이 없음.

유의어 居安思危(거안사위 : 편안할 때에도 위난을 생각함).

유아독존

오직 유 / 나 아 / 홀로 독 / 높을 존

① '천상천하 유아독존'의 준말로, 곧 '우주 사이에 나보다 존귀한 것은 없다'는 뜻으로, 생사 간에 독립하는 인생의 존귀함을 설파한 석가의 말. ② 세상에서 자기만이 잘났다고 뽐내는 일.

流 흐를 유　言 말씀 언　蜚 날 비　語 말씀 어　**유언비어**

'흐르는 말과 나는 말'이라는 뜻으로. 뜬소문. 또는 아무 근거 없이 널리 퍼진 소문. 터무니없이 떠도는 말. 유의어 浮言浪說(부언낭설), 浮言流說(부언유설).

類 무리 유　類 무리 유　相 서로 상　從 좇을 종　**유유상종**

'같은 무리끼리 서로 따르다'라는 뜻으로, 비슷한 사람끼리는 서로 왕래하여 모이기 쉽다는 것. (착한 사람의 주위에는 착한 사람이 모이고, 나쁜 사람의 주위에는 나쁜 사람이 모임).

有 있을 유　終 마칠 종　之 어조사 지　美 아름다울 미　**유종지미**

'끝냄이 있는 아름다움'이라는 뜻으로, 시작한 일을 끝까지 잘하여 결과가 좋음. 곧, 처음부터 끝까지 훌륭하게 해내고, 훌륭한 성과를 올리는 것을 말함. 유의어 有終飾美(유종식미), 有終完美(유종완미).

殷 은나라 은　鑑 거울 감　不 아닐 불　遠 멀 원　**은감불원**

'은나라가 거울삼아야 할 것이 멀지 않다'는 뜻으로, 스스로 반성하여 교훈으로 삼아야 할 실패의 선례는 먼 데 있지 않고 언제나 가까이에 있다는 것. 또는 남의 실패를 자신의 거울(본보기)로 삼으라는 말. 유의어 商鑑不遠(상감불원).

아

음풍농월

吟	風	弄	月
읊을 음	바람 풍	희롱할 농	달 월

'바람을 읊조리며 달을 가지고 논다'라는 뜻으로, 맑은 바람과 밝은 달에 대하여 시를 짓고 즐겁게 놂. 유의어 吟風咏月(음풍영월).

읍참마속

泣	斬	馬	謖
울 읍	벨 참	말 마	일어날 속

'울면서 마속의 목을 벤다'라는 뜻으로, 사사로운 정에 얽매이지 않고 행하는 공정한 집행. 곧, 기강을 세우기 위해서, 또는 대의(大義)를 위하여 자기가 아끼는 신하나 부하장수를 법에 따라 처단함을 일컫는 말. 유의어 揮淚斬馬謖(휘루참마속).

응접불가

應	接	不	暇
응할 응	사귈 접	아닐 불	한가할 가

'응접할 겨를이 없다'라는 뜻으로, 끊임없이 바쁜 모양. 어지럽게 변화하여 일일이 대응할 여가가 없음. 또는, 아름다운 경치가 계속되어 인사할 겨를이 없음.

반의어 門前雀羅(문전작라 : 권세를 잃거나 가난하여, 찾아오는 이 없어 문 앞에 새그물을 친다).

의관장세

依	官	仗	勢
의지할 의	벼슬 관	지팡이 장	기세 세

벼슬아치가 직권을 남용하여 민폐를 끼침. 세도를 부림.

| 意 | 氣 | 揚 | 揚 | 의기양양 |
| 뜻 의 | 기운 기 | 오를 양 | 오를 양 | |

뜻한 바를 이루어 만족한 마음이 얼굴에 나타난 모양. 자랑스럽게 행동하는 것을 뜻함.

| 意 | 味 | 深 | 長 | 의미심장 |
| 뜻 의 | 맛 미 | 깊을 심 | 길 장 | |

'뜻이 매우 깊다'라는 뜻으로, 사람의 행동이나 문장 등 내용의 정취가 속이 깊은 것. 또는, 표면상의 뜻 외에 딴 뜻이 감추어져 있는 것.

| 疑 | 心 | 暗 | 鬼 | 의심암귀 |
| 의심할 의 | 마음 심 | 어두울 암 | 귀신 귀 | |

'의심은 있지도 않은 귀신이 나오는 듯이 느껴진다'라는 뜻으로. 의심하는 마음을 가지고 사물을 보게 되면, 있지도 않은 두려움을 품게 됨. 선입관은 분별력을 잃게 됨. 유의어 竊斧之疑(절부지의).

| 以 | 卵 | 投 | 石 | 이란투석 |
| 써 이 | 알 란 | 던질 투 | 돌 석 | |

'달걀로 돌을 친다'라는 뜻으로, 약한 것으로 강한 것을 이기려는 어리석음. 곧, 무익한 짓을 함의 비유.

아

이목지신

移	木	之	信
옮길 이	나무 목	어조사 지	믿을 신

'나무를 옮기기로 한 믿음'이란 뜻으로, 남을 속이지 않고 약속을 지킴. 신의와 신용을 지킴. 유의어 徙木之信(사목지신). 반의어 食言(식언).

이사위한

以	死	爲	限
써 이	죽을 사	할 위	한정 한

'죽음으로써 한정(限定)을 삼는다'는 뜻으로, 죽음을 각오하고 일을 함.

이실직고

以	實	直	告
써 이	열매 실	곧을 직	알릴 고

사실 그대로 고함. 유의어 以實告之(이실고지).

이심전심

以	心	傳	心
써 이	마음 심	전할 전	마음 심

'마음에서 마음으로 전한다'라는 뜻으로, 말이나 글에 의하지 않고 마음에서 마음으로 전달됨(뜻이 통함). 유의어 拈華微笑(염화미소), 心心相印(심심상인).

以	熱	治	熱	이열치열
써 이	더울 열	다스릴 치	더울 열	

'열은 열로써 다스린다'는 뜻으로, 힘은 힘으로 물리침을 일컬음.

유의어 *以夷制夷*(이이제이).

利	用	厚	生	이용후생
이로울 이	쓸 용	두터울 후	날 생	

'세상의 편리와 살림의 이익을 꾀하는 일'이라는 뜻으로, 편리한 기구를 잘 사용하여 먹고 입는 것을 풍부하게 하며, 백성의 생활을 윤택하게 함.

二	律	背	反	이율배반
두 이	법칙 율(률)	등 배	돌이킬 반	

서로 모순되는 두 개의 명제가 동등한 권리로써 주장되는 일을 일컬음.

以	夷	制	夷	이이제이
써 이	오랑캐 이	마를(제압할) 제	오랑캐 이	

'오랑캐를 이용하여 오랑캐를 제압한다'라는 뜻으로, 외국끼리 서로 싸우게 함으로써 그 세력을 억제하여 자국(自國)의 이익과 안전을 꾀하는 외교정책을 일컬음. 유의어 *以夷攻夷*(이이공이), *以熱治熱*(이열치열)

以	佚	待	勞	이일대로
써 이	편안할 일	기다릴 대	수고로울 로	

적과 싸움에서 이쪽을 편안히 쉬게 하여 상대가 지치기를 기다린다는 뜻.

泥	田	鬪	狗	이전투구
진흙 이(니)	밭 전	싸울 투	개 구	

'진창에서 싸우는 개'라는 뜻으로, 강인한 성격을 일컫는 말. 또는 볼썽사납게 서로 헐뜯거나 다투는 모양을 비유하여 일컫는 말.

益	者	三	友	익자삼우
이로울 익	놈 자	석 삼	벗 우	

사귀어 유익한 세 가지 유형의 벗. 곧 정직한 벗, 선의가 있는 벗, 지식이 많은 벗을 일컬음. 반의어 損者三友(손자삼우 : 편벽된 벗, 착하기만 하고 줏대가 없는 벗. 말만 잘하고 성실하지 못한 벗).

因	果	應	報	인과응보
인할 인	결과 과	응할 응	갚을 보	

사람이 짓는 선악(善惡)에 따라 그 갚음을 받는 일. 또는, 그 과보.
유의어 善因善果(선인선과), 惡因惡果(악인악과).

인면수심

| 사람 인 | 낯 면 | 짐승 수 | 마음 심 |

'얼굴은 사람의 모습을 하였으나 마음은 짐승과 같다'라는 뜻으로, 남의 은혜를 모름. 마음이 몹시 흉악함.

    인명재천

| 사람 인 | 목숨 명 | 있을 재 | 하늘 천 |

사람이 오래 살고 죽음이 다 하늘에 매여 있음.

    인사불성

| 사람 인 | 일 사 | 아닐 불 | 살필 성 |

정신을 잃어 의식이 없음. 사람으로서 지켜야 할 예절을 차릴 줄을 모름.

    인생조로

| 사람 인 | 날 생 | 아침 조 | 이슬 로 |

'인생은 아침 해와 함께 사라져버리는 이슬과 같은 존재'라는 뜻으로, 인생이 짧고 덧없음을 뜻함.

人	身	攻	擊	인신공격
사람 인	몸 신	칠(공격할) 공	칠 격	

남의 일신상에 관한 일을 들어 비난함.

仁	者	無	敵	인자무적
어질 인	놈 자	없을 무	원수 적	

어진 사람은 널리 사람을 사랑하므로 적이 없음.

仁	者	不	憂	인자불우
어질 인	놈 자	아닐 불	근심할 우	

어진 사람은 도리(道理)에 따라 행하고 양심에 거리낌이 없으므로 근심을 하지 않음. 유의어 *仁者安仁*(인자안인 : 어진 사람은 천명(天命)을 알고 이를 편안하게 여기므로 마음이 동요되지 않음).

仁	者	樂	山	인자요산
어질 인	놈 자	좋아할 요	뫼 산	

'어진 사람은 산을 좋아한다'라는 뜻으로, 어진 사람은 모든 일을 도의(道義)에 따라서 행하기 때문에, 행동이 신중하고 덕이 두터워 그 마음이 산과 같으므로 산을 좋아함. 유의어 *仁者好生*(인자호생 : 어진 사람은 마음이 어질어서 만물의 생(生)을 좋아한다).

| 一 | 刻 | 千 | 金 | 일각천금 |
| 한 일 | 새길 각 | 일천 천 | 쇠 금 | |

극히 짧은 시각도 그 귀중하고 아깝기가 천금과 같음.

| 一 | 擧 | 兩 | 得 | 일거양득 |
| 한 일 | 들 거 | 두 양 | 얻을 득 | |

한 가지 일을 하여 두 가지 이익을 거둠.

유의어 一擧兩獲(일거양획), 一石二鳥(일석이조).

| 日 | 居 | 月 | 諸 | 일거월저 |
| 날 일 | 살 거 | 달 월 | 모든 저·제 | |

쉬지 않고 가는 세월.

| 日 | 久 | 月 | 深 | 일구월심 |
| 날 일 | 오랠 구 | 달 월 | 깊을 심 | |

'날이 오래고 달이 깊어진다'라는 뜻으로, 세월이 흐를수록 바라는 마음이 더욱 간절해짐.

일기당천

| 한 일 | 기병 기 | 마땅할 당 | 하늘 천 |

'한 사람의 기병이 천 사람의 적을 당해낼 수 있다'는 뜻으로, 무예 또는 기술이나 경험 등이 남달리 뛰어남의 비유.

유의어 人當千(일인당천), 一當百(일당백).

 일기지욕

| 한 일 | 몸 기 | 어조사 지 | 하고자할 욕 |

자기 한 몸만을 위한 욕심.

 일도양단

| 한 일 | 칼 도 | 두 양 | 끊을 단 |

'칼을 한 번 쳐서 두 동강이를 낸다'라는 뜻으로, 어떤 일을 머뭇거리지 않고 과감히 처리함. 또는 단칼에 베어 버림.

 일망타진

| 한 일 | 그물 망 | 칠 타 | 다할 진 |

'한 번의 그물질로 모든 것을 잡는다'는 뜻으로, 범죄자나 어떤 무리를 한꺼번에 모조리 잡음.

아

일맥상통

| 한 일 | 맥 맥 | 서로 상 | 통할 통 |

'한가지로 서로 통하다'는 뜻으로, 생각이나 처지, 상태 등이 한가지로 서로 통함.

일명경인

| 한 일 | 울 명 | 놀랄 경 | 사람 인 |

'한 번 울어 사람들을 놀라게 하다'라는 뜻으로, 오랜 침묵 끝에 놀라운 발언을 함. 한번 시작하면 큰 일을 한다는 말. 유의어 三年不飛 又不鳴(삼년불비 우불명).

일모도원

| 날 일 | 저물 모 | 길 도 | 멀 원 |

'해는 저물고 갈 길은 멀다'라는 뜻으로, 목적을 달성하는데 시간이 없음. 할 일은 많은데 날이 저물고(늙고 쇠약하여) 목적한 바를 이루지 못했음의 비유. 사태가 급박함. 유의어 途遠日暮(도원일모), 日暮途窮(일모도궁), 倒行逆施(도행역시).

일목요연

| 한 일 | 눈 목 | 눈 밝을 요 | 그러할 연 |

한 번 척 보아서 금방 알 수 있도록 환하고 뚜렷함.

一	絲	不	亂	일사불란
한 일	실 사	아닐 불	어지러울 란	

질서나 체계가 정연하여 조금도 헝클어지거나 어지러움이 없음.

一	瀉	千	里	일사천리
한 일	쏟을 사	일천 천	마을 리	

'강물의 흐름이 빨라 단숨에 천 리 밖에 다다른다'라는 뜻으로, 일이 거침없이 진행됨의 비유.

一	視	同	仁	일시동인
한 일	보일 시	한가지 동	어질 인	

누구나 차별 없이 평등하게 보아 똑같이 사랑함.

一	魚	濁	水	일어탁수
한 일	물고기 어	흐릴 탁	물 수	

'한 마리의 물고기가 온 물을 흐리게 한다'라는 뜻으로, 한 사람의 잘못으로 여러 사람이 그 해를 입게 됨을 일컬음. 유의어 一箇魚 渾全川(일개어 혼전천).

아

一	言	之	下	일언지하
한 일	말씀 언	어조사 지	아래 하	

한마디의 말로 능히 그 전체의 뜻을 다함.

一	葉	知	秋	일엽지추
한 일	잎 엽	알 지	가을 추	

'한 잎의 나뭇잎이 떨어지는 것을 보고 온 천하가 가을인 것을 안다'라는 뜻으로, 한 가지 일을 보고 장차 오게 될 사물을 미리 짐작함. 작은 일을 보고 대세를 살피어 앎. 유의어 一葉落花天下秋(일엽낙화천하추).

一	以	貫	之	일이관지
한 일	써 이	꿸 관	어조사 지	

'하나로 주르르 꿰었다'라는 뜻으로, 한 가지 이치로 모든 일을 꿰고 있음. 주의 나 주장을 굽히지 않음.

一	日	三	秋	일일삼추
한 일	날 일	석 삼	가을 추	

'하루가 삼 년 같다'라는 뜻으로, 몹시 지루하거나 애태우며 기다림의 비유. 유의어 一刻如三秋(일각여삼추), 一日千秋(일일천추).

일자천금

| 한 일 | 글자 자 | 일천 천 | 쇠 금 |

'글자 하나만으로 천금의 가치가 있다'라는 뜻으로, 아주 빼어난 글씨나 문장을 일컬음.

일장일단

| 한 일 | 긴 장 | 한 일 | 짧을 단 |

'하나는 길고, 하나는 짧다'라는 뜻으로, 장점도 있고 단점도 있음을 일컬음.

일장춘몽

| 한 일 | 마당 장 | 봄 춘 | 꿈 몽 |

'한바탕의 봄꿈'이라는 뜻으로, 헛된 영화나 덧없는 일의 비유. 덧없는 인생의 비유.

일조일석

| 한 일 | 아침 조 | 한 일 | 저녁 석 |

'하루아침이나 하룻저녁'이란 뜻으로, 짧은 시간을 일컬음.

아

일촉즉발

一	觸	卽	發
한 일	닿을 촉	곧 즉	펼 발

'한 번 스치기만 하여도 곧 폭발한다'라는 뜻으로, 조그만 일로도 계기가 되어 크게 벌어질 수 있는 아주 위급하고 아슬아슬한 상태에 놓여 있음.

일촌광음

一	寸	光	陰
한 일	마디 촌	빛 광	그늘 음

매우 짧은 시간. 촌각(寸刻). 유의어 陰如矢(광음여시), 光陰如流水(광음여유수).

일취월장

日	就	月	將
날 일	나아갈 취	달 월	장수 장

'날마다 달마다 성장하고 발전하다'라는 뜻으로, 학업이 날이 가고 달이 갈수록 진보, 발전함을 일컬음. 유의어 日將月就(일장월취), 日就(일취).

일파만파

一	波	萬	波
한 일	물결 파	일만 만	물결 파

'하나의 물결이 수많은 물결이 된다'라는 뜻으로, 하나의 사건이 잇달아 많은 사건으로 확대되는 것을 말함.

아

227

一	敗	塗	地	일패도지
한 일	패할 패	진흙 도	땅 지	

'한 번 패하여 간과 뇌가 땅에 뒹군다'라는 뜻으로, 단 한 번의 패배로 다시는 일어날 수 없게 됨. 유의어 肝腦塗地(간뇌도지).

一	片	丹	心	일편단심
한 일	조각 편	붉을 단	마음 심	

'한 조각의 붉은 마음'이라는 뜻으로, 변치 않는 참된 마음을 일컫는 말.

一	筆	揮	之	일필휘지
한 일	붓 필	휘두를 휘	어조사 지	

글씨를 단숨에 힘차고 시원하게 죽 써 내림을 일컬음.

一	攫	千	金	일확천금
한 일	붙잡을 확	일천 천	쇠 금	

'한 번에 천금을 움켜쥔다'라는 뜻으로, 힘들이지 않고 한꺼번에 많은 재물을 얻음.

임갈굴정

| 임할 임 | 목마를 갈 | 뚫을 굴 | 우물 정 |

'목이 말라서야 우물을 판다'라는 뜻으로, 미리 준비하여 두지 않고 있다가 일이 급해서야 허둥지둥 서두름. 유의어 渴而穿井(갈이천정).

    임기응변

| 임할 임 | 틀 기 | 응할 응 | 변할 변 |

그때그때 처한 형편에 따라 알맞게 일을 처리함.

    임전무퇴

| 임할 임 | 싸울 전 | 없을 무 | 물러날 퇴 |

전쟁에 임하여 물러서지 않음.

   입신양명

| 설 입(립) | 몸 신 | 드날릴 양 | 이름 명 |

'몸을 세워 이름을 드날린다'라는 뜻으로, 출세하여 이름을 세상에 드날리다.

立	錐	之	地	입추지지
설 입	송곳 추	어조사 지	땅 지	

'송곳 하나 꽂을 만한 땅'이라는 뜻으로, 매우 좁아 조금의 여유도 없음을 가리킴. 또는 매우 좁은 땅. 유의어 彈丸之地(탄환지지).

入	鄕	循	俗	입향순속
들 입	시골 향	돌아올 순	풍속 속	

그 고장(지방)에 가서는 그 고장의 풍속에 따른다는 말.

자가당착

스스로 자   집 가   부딪힐 당   붙을 착

'자기가 한 말이나 행동의 앞뒤가 맞지 않는다'라는 뜻으로, 같은 사람의 글이나 언행이 앞뒤가 서로 맞지 않아 어그러짐. 유의어 自己矛盾(자기모순).

<참고> 撞着(당착) : 앞뒤가 서로 맞지 아니함. 서로 맞부딪침.

    자강불식

스스로 자   굳셀 강   아닐 불   숨쉴 식

'스스로 힘쓰며 쉬지 아니한다'라는 뜻으로, 수양에 힘써 게을리 하지 않음.

    자격지심

스스로 자   과격할 격   어조사 지   마음 심

자기가 한 일에 대해 자기 스스로 미흡하게 여기는 마음.

    자구다복

스스로 자   구할 구   많을 다   복 복

많은 복은 하늘이 주는 것이 아니라 자기 스스로 구하는 것이다.

자

자두연기

煮	豆	燃	萁
삶을 자	콩 두	사를 연	콩깍지 기

'콩을 삶는 데 콩깍지를 땔감으로 한다'라는 뜻으로, 형제를 같은 뿌리에서 생긴 콩과 콩깍지에 비유하여, 형제가 서로 다투고 죽이려 함의 비유. 형제간의 사이가 나쁨. 유의어 骨肉相殘(골육상잔), 以血洗血(이혈세혈).

자수성가

自	手	成	家
스스로 자	손 수	이룰 성	집 가

물려 받은 재산이 없이, 스스로의 힘으로 어엿한 한살림을 이룩하는 일.

자승자강

自	勝	者	强
스스로 자	이길 승	놈 자	굳셀 강

'스스로 이기는 자가 강하다'라는 뜻으로, 자기 자신을 이기는 사람만이 이 세상에서 가장 강한 사람이라는 말.

자승자박

自	繩	自	縛
스스로 자	노끈 승	스스로 자	묶을 박

'자기가 꼰 새끼로 자기를 묶는다'는 뜻으로, 자기가 한 말이나 행동 때문에 자기 자신이 구속되어 괴로움을 당하게 됨을 일컬음.

자

자시지벽

스스로 자 　 옳을 시 　 어조사 지 　 버릇 벽

자신의 의견만이 옳은 줄로 아는 버릇을 일컬음.

    자업자득

스스로 자 　 업 업 　 스스로 자 　 얻을 득

자기가 저지른 일의 과오(잘못)를 스스로 얻는다는 뜻.
유의어 自業自縛(자업자박), 因果應報(인과응보).

    자중지란

스스로 자 　 가운데 중 　 어조사 지 　 난리 란(난)

자기네 패 속에서 일어나는 싸움질.

    자타공인

스스로 자 　 다를 타 　 함께 공 　 인정할 인

자기나 타인이 다같이 인정함.

자

자포자기

| 스스로 자 | 사나울 포 | 스스로 자 | 버릴 기 |

'스스로 몸을 해쳐 스스로를 버린다'는 뜻으로, 실망이나 불만으로 절망 상태에 빠져서, 자신을 버리고 돌보지 아니함.

    자행자지

| 스스로 자 | 갈 행 | 스스로 자 | 그칠 지 |

자기 마음대로 하고 싶으면 하고 하기 싫으면 하지 않음.

    자화자찬

| 스스로 자 | 그림 화 | 스스로 자 | 칭찬할 찬 |

'자기가 그린 그림을 자기 스스로 칭찬한다'라는 뜻으로, 곧 자기가 한 일을 자기 스스로 자랑함.

    작법자폐

| 지을 작 | 법 법 | 스스로 자 | 넘어질 폐 |

자기가 만든 법에 자기가 해를 입음.

자

昨	非	今	是
어제 작	아닐 비	이제 금	옳을 시

작비금시

전에는 옳지 않다고 여겼던 것이 지금은 옳게 여겨짐.

作	舍	道	傍
지을 작	집 사	길 도	곁 방

작사도방

'길가에 집을 짓자니 오가는 사람의 말이 많다'라는 뜻으로, 의견이 분분하여 결정을 짓지 못함의 비유.

勺	水	不	入
구기(숟가락) 작	물 수	아닐 불	들 입

작수불입

'한 모금의 물도 넘기지 못한다'는 뜻으로, 음식을 조금도 먹지 못함을 일컬음.

酌	水	成	禮
따를 작	물 수	이룰 성	예도 례

작수성례

'물을 떠놓고 혼례를 치른다'는 뜻으로, 가난한 집안에서 구차하게 혼례를 치름.

자

작심삼일

| 지을 작 | 마음 심 | 석 삼 | 날 일 |

'품은 마음이 삼 일을 못 간다'라는 뜻으로, 결심이 굳지 못함을 일컬음.

잔두지련

| 잔도 잔 | 콩 두 | 어조사 지 | 사모할 련 |

'말이 얼마 되지 않는 콩을 못 잊어 마구간을 떠나지 못한다'는 뜻으로, 사소한 이익에 집착함을 비유하여 일컬음.

잔배냉적

| 남을 잔 | 잔 배 | 찰 냉 | 고기구울 적 |

'마시다 남은 술과 식은 적'이라는 뜻으로, 변변치 못한 주안상으로 푸대접함을 일컬음.

장경오훼

| 긴 장 | 목 경 | 까마귀 오 | 부리 훼 |

'긴 목과 뾰족 나온 입'이라는 뜻으로, 고난을 같이 할 수 있어도 즐거움은 같이 누릴 수 없는 사람.

将 장차 장　計 꾀 계　就 이룰 취　計 꾀 계　장계취계

상대방의 계략을 미리 알아차리고 이를 역이용하는 계교를 일컬음.

張 배풀 장　冠 갓 관　李 오얏 이　戴 일 대　장관이대

'장가의 관을 이가가 쓴다'는 뜻으로, 이름과 실상이 일치하지 않음을 일컫는 말.

腸 창자 장　肚 배 두　相 서로 상　連 잇닿을 련　장두상련

'창자와 배가 서로 잇닿아 있다'는 뜻으로, 어떤 사람들끼리 서로 뜻이 통하거나 협력하여 일을 해나감을 일컬음.

藏 감출 장　頭 머리 두　隱 숨길 은　尾 꼬리 미　장두은미

'머리를 감추고 꼬리를 숨긴다'는 뜻으로, 일의 전말을 똑똑히 밝히지 않음을 일컬음.

장립대령

긴 장　　　설 립　　　기다릴 대　　　영 령

'오래 서서 분부를 기다린다'는 뜻으로, 권문세가를 드나들며 이권을 얻고자 하는 사람을 조롱하여 일컫는 말.

    장삼이사

성씨 장　　　석 삼　　　성씨 이　　　넉 사

'장씨의 셋째아들과 이씨의 넷째아들'이라는 뜻으로, 이름과 신분이 분명치 않은 평범한 사람들을 비유하여 일컬음.

    장수선무

긴 장　　　소매 수　　　착할 선　　　춤출 무

'소매가 길면 춤추기가 수월하다'는 뜻으로, 재물이 넉넉하면 성공하기도 쉬움을 일컬음.

    장유유서

긴 장　　　어릴 유　　　있을 유　　　차례 서

오륜의 하나로, 연장자와 연소자 사이에는 지켜야할 차례가 있음을 일컫는 말.

자

238

장주지몽

장중할 장 　두루 주 　어조사 지 　꿈 몽

'장자의 꿈'이라는 뜻으로, 장자(莊子)가 나비가 된 꿈을 꾸었는데 꿈이 깬 뒤에 자기가 나비가 된 것인지 나비가 자기가 된 것인지 분간이 가지 않았다는 고사(故事)에서, 자아(自我)와 외계(外界)와의 구별을 잊어버린 경지를 일컬음.

    장중보옥

손바닥 장 　가운데 중 　보배 보 　구슬 옥

'손안에 든 보배로운 구슬'이라는 뜻으로, 매우 사랑하는 자식이나 아끼는 물건을 일컫는 말.

    장침대금

긴 장 　베게 침 　큰 대 　이불 금

'긴 베개와 이불'이라는 뜻으로, 친구 간에 같이 누워 자기에 편하므로 교분이 두터운 상태를 일컬음.

    저구지교

공이 저 　절구 구 　어조사 지 　사귈 교

'절굿공이와 절두통 사이의 사귐'이라는 뜻으로, 귀천을 가리지 않고 사귀는 것을 일컬음.

적반하장

| 도둑 적 | 도리어 반 | 멜 하 | 몽둥이 장 |

'도적이 도리어 몽둥이를 든다'라는 뜻으로, 잘못한 사람이 오히려 잘한 사람을 나무라는 경우를 일컬음. 유의어 我歌査唱(아가사창), 主客顚倒(주객전도)

    적수공권

| 붉을 적 | 손 수 | 빌 공 | 주먹 권 |

'맨손과 맨주먹'이라는 뜻으로, 아무것도 가진 것이 없음을 일컬음.

    적수단신

| 붉을 적 | 손 수 | 홑 단 | 몸 신 |

'맨손과 홀몸'이라는 뜻으로, 가진 재산도 없고 의지할 일가친척도 없는 외로운 몸.

    적재적소

| 알맞을 적 | 인재 재 | 알맞을 적 | 바 소 |

'적당한 인재에 적당한 장소'라는 뜻으로, 어떤 일에 알맞은 재능을 가진 사람에게 알맞은 임무를 맡기는 일을 일컬음.

전거복철

앞 전　　　수레 거　　　뒤집힐 복　　　바퀴 철

'앞서간 수레가 엎어진 바퀴자국'이라는 뜻으로, 앞의 실패를 거울삼아 똑같은 실패를 거듭하지 않음. 앞 사람의 실패를 일컬음.

<참고> 前轍(전철): '앞서 지나간 수레바퀴 자국'이란 뜻으로, 이전 사람의 실패와 잘못을 일컬음.

    전광석화

번개 전　　　빛 광　　　돌 석　　　불 화

'번개와 부싯돌의 불꽃'이라는 뜻으로, 번갯불이나 부싯돌의 불이 번쩍이는 것처럼 몹시 짧은 시간, 또는 매우 빠른 동작의 비유.

    전대미문

앞 전　　　시대 대　　　아닐 미　　　들을 문

'지금까지 들어 본 적이 없다'라는 뜻으로, 매우 놀라운 일이나 새로운 것을 두고 일컫는 말.

    전도유망

앞 전　　　길 도　　　있을 유　　　바랄 망

'앞길에 희망이 있다'라는 뜻으로, 장래가 촉망되는 사람을 일컬음. 장래가 유망함.

자

전무후무

앞 전　없을 무　뒤 후　없을 무

전에도 없었고 뒤에도 있을 수 없음.

전시효과

펼 전　보일 시　본받을 효　실과 과

실질보다 외양의 시각적 효과를 높임을 일컬음.

전심전력

온전할 전　마음 심　온전할 전　힘 력

마음과 몸을 오로지 한 일에만 모음.

전인미답

앞 전　사람 인　아닐 미　밟을 답

이제까지 아무도 발을 들여놓거나 도달한 사람이 없음을 일컬음.

전전긍긍

싸움 전	싸움 전	삼가할 긍	삼가할 긍

벌벌 떨다. '겁을 먹고 떠는 모양과 몸을 삼가 조심하는 모양'을 말하는 것으로, 매우 두려워 벌벌 떨며 조심하는 모양. 몹시 두려워하여 삼가는 것.

반의어 暴虎憑河(포호빙하 : 맨손으로 호랑이에게 덤비고 걸어서 황하를 건넌다).

    전전반측

돌 전	구를 전	돌이킬 반	곁 측

'누워서 이리저리 뒤척거린다'는 뜻으로, 근심과 걱정으로 잠을 못 이룸.

유의어 輾轉不寐(전전불매).

자

    전정만리

앞 전	법도 정	일만 만	마을 리

'앞길이 만리나 멀다'는 뜻으로, 아직 젊어서 장래가 아주 유망하다는 말.

    전지전능

온전할 전	알 지	온전할 전	능할 능

무엇이나 다 알고 무엇이나 다 행하는 신의 능력을 일컬음.

 전호후랑

前	虎	後	狼
앞 전	범 호	뒤 후	이리 랑

'앞문의 호랑이, 뒷문의 늑대'라는 뜻으로, 앞뒤로 위험이 가로놓여 있음. 앞문의 호랑이를 쫓아내기 위해 뒷문으로 늑대를 끌어들인 결과의 비유.

 전화위복

轉	禍	爲	福
구를 전	재앙 화	할 위	복 복

'화가 바뀌어 오히려 복이 된다'는 뜻으로, 어떤 불행한 일이라도 끊임없는 노력과 강인한 의지로 힘쓰면 불행을 행복으로 바꾸어 놓을 수 있다는 말.
유의어 因禍爲福(인화위복).

 절골지통

折	骨	之	痛
꺾을 절	뼈 골	어조사 지	아플 통

'뼈가 부러지는 아픔'이라는 뜻으로, 매우 견디기 어려운 고통을 일컬음.

 절장보단

絶	長	補	短
끊을 절	긴 장	보텔 보	짧을 단

'긴 것을 잘라 짧은 것에 보탠다'는 뜻으로, 장점으로 부족한 점이나 나쁜 점을 보충함.

자

절차탁마

끊을 절　　닦을 차　　쪼갤 탁　　갈 마

'옥이나 돌 따위를 자르고 닦아 쪼며 갈아 빛을 낸다'는 뜻으로, 학문이나 덕행을 배우고 닦음. 끊임없는 노력에 의해 자기의 역량이나 소질을 힘써 갈고 닦음. 유의어 切磨(절마).

    절체절명

끊을 절　　몸 체　　끊을 절　　목숨 명

'몸도 목숨도 다 되었다'는 뜻으로, 궁지에 몰려 살아날 길이 없게 된 막다른 처지를 일컬음.

    절치부심

끊을 절　　이 치　　썩을 부　　마음 심

몹시 분하여 이를 갈며 속을 썩임.

    점입가경

점점 점　　들 입　　아름다울 가　　지경 경

갈수록 더욱 좋거나 재미있는 경지로 들어감. 또는 그 모양.

井	臼	之	役	정구지역
우물 정	절구 구	어조사 지	부릴 역	

'물을 긷고 절구질하는 일'이라는 뜻으로, 살림살이의 수고로움을 일컬음.

精	金	美	玉	정금미옥
정미할 정	쇠 금	아름다울 미	구슬 옥	

'순수한 금과 아름다운 구슬'이라는 뜻으로, 인품이나 시문이 깔끔하고 아름다움을 비유하여 일컬음.

자

頂	門	一	鍼	정문일침
정수리 정	문 문	한 일	침 침	

'정수리에 침을 놓다'라는 뜻으로, 남의 잘못에 대한 따끔한 비판이나 타이름.

유의어 頂上一鍼(정상일침).

<참고> 頂門金椎(정문금추) : 정수리를 쇠망치로 두들긴다. 곧, 정신을 바짝 차리도록 깨우침.

井	底	之	蛙	정저지와
우물 정	밑 저	어조사 지	개구리 와	

'우물 안의 개구리'라는 뜻으로, 식견이 좁아 세상 물정을 모르는 사람을 일컬음.

正 바를 정　正 바를 정　堂 당당할 당　堂 당당할 당　정정당당

태도나 수단이 공정하고 떳떳함. 공명정대한 모습의 형용을 일컬음.

鼎 솥 정　足 발 족　而 말이을 이　居 살 거　정족이거

'솥발로 지내다'라는 뜻으로, 솥의 발처럼, 셋이 맞서 제각기 세력의 균형을 유지하고 서로 대립한 형세를 일컬음. 유의어 鼎足(정족), 鼎足之勢(정족지세).

井 우물 정　中 가운데 중　之 어조사 지　蛙 개구리 와　정중지와

'우물 안 개구리'라는 뜻으로, 좁은 우물 속의 개구리는 넓은 세상의 형편을 모름. 곧 소견이 좁은 사람을 일컬음. 유의어 井底之蛙(정저지와).

堤 방죽 제　潰 무너질 궤　蟻 개미 의　穴 구멍 혈　제궤의혈

개미구멍으로 말미암아 큰 둑이 무너짐.

자

제세지재

濟	世	之	才
건널 제	세상 세	어조사 지	재주 재

세상을 구할 만한 능력. 그런 재주를 가진 사람.

조강지처

糟	糠	之	妻
술지게미 조	쌀겨 강	어조사 지	아내 처

'술지게미와 쌀겨로 이어가며 가난한 살림을 해온 아내'라는 뜻으로, 가난할 때 부터 함께 고생했던 아내.

조동모서

朝	東	暮	西
아침 조	동녘 동	서물 모	서녘 서

'아침에는 동쪽, 저녁에는 서쪽'이라는 뜻으로, 일정한 터전이 없이 이리저리 옮아 다님을 일컬음.

조령모개

朝	令	暮	改
아침 조	명령 령	저녁 모	고칠 개

'아침에 내린 명령을 저녁에 다시 바꾼다'라는 뜻으로, 일관성이 없이 법령이나 명령을 자주 바꿈을 일컬음. 유의어 朝改暮變(조개모변), 朝令夕改(조령석개), 朝變 夕改(조변석개 : 아침저녁으로 뜯어고침. 또, 바뀜).

조명시리

朝	名	市	利
아침 조	이름 명	저자 시	이로울 리

'명성은 조정에서 얻고 이익은 저잣거리에서 취하라'라는 뜻으로, 무슨 일이든 때와 장소를 가려서 하라는 말.

조문석사

朝	聞	夕	死
아침 조	들을 문	저녁 석	죽을 사

'아침에 도를 들어 깨달으면, 저녁에 죽어도 좋다'라는 뜻으로, 사람으로서 행해야 할 도리, 정신적인 깨달음의 중요성을 일컬음.

유의어 朝聞道 夕死可矣(조문도 석사가의).

조반석죽

朝	飯	夕	粥
아침 조	밥 반	저녁 석	죽 죽

'아침에는 밥을 먹고 저녁에는 죽을 먹는다'라는 뜻으로, 몹시 가난한 살림살이를 일컬음.

조변석개

朝	變	夕	改
아침 조	변할 변	저녁 석	고칠 개

'아침저녁으로 뜯어 고친다'라는 뜻으로, 계획이나 결정 따위를 자주 뜯어 고치는 것을 일컬음.

자

아침 조 · 아닐 불 · 생각할 려 · 저녁 석

조불려석

'아침에 저녁 일을 헤아리지 못한다'라는 뜻으로, 형세가 급하고 딱하여 당장을 걱정할 뿐, 앞일을 헤아릴 겨를이 없음. 유의어 朝不謀夕(조불모석).

아침 조 · 석 삼 · 저물 모 · 넉 사

조삼모사

'아침에 세 개 저녁에 네 개'라는 뜻으로, 간사한 꾀를 써서 남을 속임을 일컫는 말.

새 조 · 발 족 · 어조사 지 · 피 혈

조족지혈

'새 발의 피'라는 뜻으로, 필요한 양에 비해 턱없이 아주 적은 분량의 비유.

일찍 조 · 잃을 실 · 아비 부 · 어미 모

조실부모

일찍 어려서 부모를 여읨을 일컬음.

자

조심누골

새길 조　　마음 심　　새길 루(누)　　뼈 골

'마음에 새기고 뼈에 사무친다'라는 뜻으로, 몹시 고심함을 일컬음.

    존망지추

있을 존　　망할 망　　어조사 지　　가을 추

존재하느냐 멸망하느냐의 매우 위급한 상황을 일컬음.

    존비귀천

높을 존　　낮을 비　　귀할 귀　　천할 천

지위나 신분 따위의 높고 낮음과 귀하고 천함.

   존심양성

있을 존　　마음 심　　기를 양　　성품 성

양심을 잃지 않고 하늘이 주신 본성을 키워나감.

자

좌고우면

| 왼쪽 좌 | 돌아볼 고 | 오른쪽 우 | 돌아볼 면 |

'이쪽저쪽을 돌아본다'는 뜻으로, 앞뒤를 재고 망설임을 일컬음.

유의어 *左右顧眄*(좌우고면), *左顧右視*(좌고우시).

    좌불안석

| 앉을 좌 | 아닐 불 | 편안할 안 | 자리 석 |

불안하거나 걱정스러워 한군데에 오래 앉아 있지 못함을 일컬음.

    좌정관천

| 앉을 좌 | 우물 정 | 볼 관 | 하늘 천 |

'우물 속에 앉아 하늘을 쳐다본다'라는 뜻으로, 견문이 매우 좁음을 일컬음.

    좌지우지

| 왼쪽 좌 | 어조사 지 | 오른쪽 우 | 어조사 지 |

'왼편으로 놓았다가 오른편에 놓았다'라는 뜻으로, 자기 생각대로(마음대로) 남을 다루는 것을 말함.

자

主 客 顚 倒 주객전도

주인 주 　 손 객 　 뒤바뀔 전 　 넘어질 도

'주인과 손님이 뒤바뀌다'라는 뜻으로, 사물의 경중이나 완급, 중요성에 비춰 앞뒤가 서로 뒤바뀜.

晝 耕 夜 讀 주경야독

낮 주 　 밭갈 경 　 밤 야 　 읽을 독

'낮에는 농사짓고 밤에는 글을 읽는다'라는 뜻으로, 어렵게 공부함을 일컬음.

走 馬 加 鞭 주마가편

달릴 주 　 말 마 　 더할 가 　 채찍 편

'달리는 말에 채찍을 가한다'라는 뜻으로, 열심히 하는 사람을 더 부추기거나 몰아침.

走 馬 看 山 주마간산

달릴 주 　 말 마 　 볼 간 　 뫼 산

'달리는 말 위에서 산천을 구경한다'라는 뜻으로, 천천히 살펴볼 틈이 없이 바삐 서둘러 대강대강 지나쳐 봄의 비유.'

낮 주 / 생각할 사 / 밤 야 / 꿈 몽

주사야몽

'낮에도 생각하고 밤에도 꿈에 본다'라는 뜻으로, 밤낮으로 생각함을 일컬음.

낮 주 / 밤 야 / 길 장 / 내 천

주야장천

밤낮으로 쉬지 않고, 잇달아서. 언제나.

술 주 / 못 지 / 고기 육 / 수풀 림

주지육림

'술은 못을 이루고 고기는 숲을 이룬다'는 뜻으로, 호화스럽게 차려놓고 흥청망청하는 술잔치. 유의어 肉山酒池(육산주지), 肉山脯林(육산포림).

대 죽 / 말 마 / 옛 고 / 벗 우

죽마고우

'대나무로 만든 목마를 타고 놀던 옛 친구'라는 뜻으로, 어릴 때부터 가까이 지내며 자란 친구를 일컫는 말. 유의어 竹馬舊友(죽마구우), 竹馬之友(죽마지우).

죽장망혜

| 대 죽 | 지팡이 장 | 까끄라기 망 | 신 혜 |

'대지팡이와 짚신'이라는 뜻으로, 먼 길을 떠날 때의 아주 간편한 차림을 일컬음.

준조절충

| 술통 준 | 도마 조 | 꺾을 절 | 찌를 충 |

술자리에 앉아서 평화로운 교섭으로 유리하게 일을 처리함을 일컬음.

<참고> 樽俎(준조):제향 때 술을 담는 준(樽)과 고기를 담는 조(俎). 곧, 온갖 예절을 갖춘 공식적인 잔치.

중과부적

| 무리 중 | 적을 과 | 아닐 부 | 대적할 적 |

'많은 것에 적은 것이 대적하지 못한다'라는 뜻으로, 적은 수효로는 많은 수효를 맞겨루지 못함.

중구난방

| 무리 중 | 입 구 | 어려울 난 | 막을 방 |

'뭇사람의 말을 이루 다 막기가 어렵다'라는 뜻으로, 뭇사람의 여러 의견(意見)을 하나하나 받아넘기기 어려움. 또는 여러 사람이 질서 없이 마구 떠들어댈 때 쓰이는 말.

중언부언

| 거듭할 중 | 말 언 | 다시(거듭할) 부 | 말 언 |

'한 말을 자꾸 되풀이 하다'라는 뜻으로, 조리가 안 맞는 말을 되풀이 할 때 일컫는 말.

    중용지도

| 가운데 중 | 떳떳할 용 | 어조사 지 | 길 도 |

'중용의 도리'라는 뜻으로, 극단에 치우치지 않고 평범함 속에서의 진실한 도리를 일컬음.

    중원축록

| 가운데 중 | 근원 원 | 쫓을 축 | 사슴 록 |

'중원[天下]에서 사슴[帝位]을 쫓다'라는 뜻으로, 중원은 정권을 다투는 무대, 녹은 사슴, 곧 정권·권력을 일컬음. 제왕의 지위를 얻고자 다투는 일.
유의어 中原之鹿(중원지록), 中原射鹿(중원사록 : 사슴을 쏘아 맞히다).

    지독지애

| 핥을 지 | 송아지 독 | 어조사 지 | 사랑 애 |

'어미 소가 송아지를 핥아주며 귀여워한다'라는 뜻으로, 어버이가 자식을 사랑하는 지극한 정. 자식을 깊이 사랑함. 유의어 舐犢情深(지독정심 : 정이 깊다).

자

지란지교

지초 지　　난초 란　　어조사 지　　사귈 교

벗 사이 서로가 좋은 감화를 주고받으며 이끌어 가는 고상한 교제.

<참고> 芝蘭(지란) : 지초(芝草)와 난초(蘭草). 모두 향초(香草)를 가리킴. 또, 선인(善人)이나 군자를 비유함.

    지록위마

손가락 지　　사슴 록　　할 위　　말 마

'사슴을 가리켜 말이라고 우긴다'라는 뜻으로, 윗사람을 농락하여 권세를 마음대로 휘두르는 짓을 일컫는 말. 억지를 써서 남을 궁지에 빠뜨리는 짓을 일컬음.

    지리멸렬

갈라질 지　　떠날 리　　멸망할 멸　　찢어질 렬

'갈가리 흩어지고 찢기다'라는 뜻으로, 갈피를 잡을 수 없이 엉망진창이 됨. 어떤 일이 온전하게 이루어지지 않고 흐지부지 되는 것을 말함.

    지성감천

이를 지　　정성 성　　느낄 감　　하늘 천

'정성이 지극하면 하늘도 감동한다'라는 뜻으로, 지극한 정성으로 하면 어려운 일도 이루어지고 풀림을 일컬음.

자

지어지선

至	於	至	善
이를 지	어조사 어	이를 지	착할 선

더 이상 바랄 것이 없는 최고의 선. 지극히 착한 경지에 이름을 일컬음.

지어지앙

池	魚	之	殃
못 지	물고기 어	어조사 지	재앙 앙

'연못의 물로 불을 끄니 물고기가 죽었다'라는 고사에서, 엉뚱한 사물이 재앙을 입음을 일컬음.

지자요수

知	者	樂	水
알 지	놈 자	좋아할 요	물 수

슬기로운 사람은 사리에 밝아 막힘이 없는 것이 흐르는 물과 같아서 물을 가까이하며 좋아한다는 말.

지족불욕

知	足	不	辱
알 지	발 족	아닐 불	욕될 욕

'만족할 줄 알면 욕되지 아니한다'라는 뜻으로, 분수를 지켜 만족할 줄 알면 욕되지 아니함을 일컬음.

자

知	足	者	富	지족자부
알 지	발 족	놈 자	부자 부	

'만족할 줄 아는 자가 부자이다'라는 뜻으로, 비록 가난하지만 만족할 줄 아는
사람은 정신적으로 부유함.

知	彼	知	己	지피지기
알 지	저 피	알 지	몸 기	

적의 형편과 나의 힘을 앎.

紙	筆	硯	墨	지필연묵
종이 지	붓 필	벼루 연	먹 묵	

종이·붓·벼루·먹을 일컫는 말. 문방사우(文房四友).

盡	善	盡	美	진선진미
다할 진	착할 선	다할 진	아름다울 미	

'착함을 다하고 아름다움을 다한다'라는 뜻으로, 착함과 아름다움을 더함. 더할
수 없이 잘 됨. 아무런 결점도 없이 완전무결함을 일컬음. 유의어 盡善美(진선미).

진수성찬

보배 진   음식 수   성할 성   반찬 찬

맛이 좋고 푸짐하게 잘 차린 음식.

    진천동지

진동할 진   하늘 천   움직일 동   땅 지

'하늘에 떨치며 땅을 흔든다'라는 뜻으로, 천지를 진동시킬 만큼 위엄이 천하에 떨침의 비유. 유의어 驚天動地(경천동지).

    진충보국

다할 진   충성 충   갚을 보   나라 국

충성을 다하여 나라의 은혜를 갚음. 유의어 竭忠報國(갈충보국).

    진퇴양난

나아갈 진   물러날 퇴   두 양   어려울 난

'나아가기도 어렵고 물러서기도 어려운 상태'라는 뜻으로, 궁지에 몰려 이러기도 어렵고 저러기도 어려운, 매우 난처한 처지에 놓여 있음을 일컬음.
유의어 進退維谷(진퇴유곡).

진퇴유곡

| 나아갈 진 | 물러날 퇴 | 맬 유 | 골 곡 |

나아갈 수도 없고 물러설 수도 없는 궁지에 몰려 있음을 일컬음.

  질풍경초

| 병 질 | 바람 풍 | 굳셀 경 | 풀 초 |

'질풍(몹시 세찬 바람)에도 꺾이지 않는 억센 풀'이라는 뜻으로, 아무리 어려운 일을 당해도 뜻이 흔들리지 않음.

    질풍노도

| 병 질 | 바람 풍 | 성낼 노 | 큰물결 도 |

몹시 빠르게 부는 바람과 무섭게 소용돌이치는 물결.

   질풍신뢰

| 병 질 | 바람 풍 | 빠를 신 | 천둥 뢰 |

'거센 바람과 번개'라는 뜻으로, 사태가 급변하거나 행동의 민첩함과 빠른 속도 따위를 가리킴.

징전비후

| 혼날 징 | 앞 전 | 삼갈 비 | 뒤 후 |

'지난날을 징계하고 뒷날을 삼간다'는 뜻으로, 이전에 저지른 잘못을 교훈삼아
앞으로 일을 신중히 처리한다는 말.

| 借 | 刀 | 殺 | 人 | 차도살인 |
| 빌 차 | 칼 도 | 죽일 살 | 사람 인 | |

'남의 칼을 빌려 사람을 죽인다'라는 뜻으로, 남의 힘으로 목적을 달성함. 음흉한 수단을 부림을 일컬음.

| 此 | 日 | 彼 | 日 | 차일피일 |
| 이 차 | 날 일 | 저 피 | 날 일 | |

'이날저날'이라는 뜻으로, 자꾸 약속이나 기일 따위를 미루는 모양을 일컬음.

| 借 | 廳 | 入 | 室 | 차청입실 |
| 빌 차 | 마루 청 | 들 입 | 집 실 | |

'마루를 빌려 살다가 방으로 들어간다'라는 뜻으로, 남에게 의지하였다가 차차 그 권리를 침범함을 비유하여 일컬음.

| 斬 | 釘 | 截 | 鐵 | 참정절철 |
| 벨 참 | 못 정 | 끊을 절 | 쇠 철 | |

'못을 끊고 쇠를 자른다'라는 뜻으로, 과감하게 일을 처리함.

창상지변

푸를 창	뽕나무 상	어조사 지	변할 변

'푸른 바다가 변하여 뽕나무밭이 된다'라는 뜻으로, 인간 세상의 모든 일이 신속하게 변함을 일컬음. 유의어 桑田碧海(상전벽해 : 뽕나무 밭이 변하여 푸른 바다가 됨).

    창업수성

비롯할 창	일 업	지킬 수	이룰 성

'창업은 쉬우나 그것을 지켜 이루어 나가기는 어렵다'는 뜻으로, 사업(일)을 시작하는 것은 쉽지만 일단 이룩된 사업을 지켜 나가기는 어렵다는 것을 일컬음. 유의어 創業易守成難(창업이수성난).

    창해일속

푸를 창	바다 해	한 일	조 속

'너르고 큰 바다에 뜬 한 알의 좁쌀'이라는 뜻으로, 이 세상 우주 안에서의 인간 존재의 하찮음의 비유. 유의어 大海一粟(대해일속), 大海一滴(대해일적).

    책인즉명

꾸짖을 책	사람 인	곧 즉	밝을 명

'남을 나무라는 데는 밝다'라는 뜻으로, 자기 잘못은 덮어두고 남만 나무람을 일컬음.

차

天	高	馬	肥	천고마비
하늘 천	높을 고	말 마	살찔 비	

'하늘은 높고 말은 살찐다'는 뜻으로, 풍성한 가을의 좋은 시절. 또는 활동하기 좋은 계절을 일컬음. _{유의어} 秋高馬肥(추고마비), 秋高塞馬肥(추고새마비).

千	金	買	笑	천금매소
일천 천	쇠 금	살 매	웃을 소	

'천금을 주고 웃음을 사다'라는 뜻으로, 비싼 대가를 치르고 여자의 웃음을 짓게 함을 일컬음.

千	慮	一	失	천려일실
일천 천	생각할 려	한 일	잃을 실	

'천 가지 생각 가운데 한 가지 실책'이라는 뜻으로, 지혜로운 사람이라도 많은 생각을 하다보면 하나쯤은 실수가 있을 수 있다는 말. 생각지도 않던 실수를 일컬음. _{반의어} 千慮一得(천려일득).

千	里	同	風	천리동풍
일천 천	마을 리	한가지 동	바람 풍	

'천리가 같은 바람이 분다'라는 뜻으로, 태평한 세상을 비유하여 일컬음.

차

천무이일

하늘 천　　없을 무　　두 이　　해 일

'하늘에 해가 두 개일 수 없다'라는 뜻으로, 나라에 두 임금이 있을 수 없음을 일 컬음.

천방지축

하늘 천　　모 방　　땅 지　　굴대 축

못난(어리석은) 사람이 종작없이 덤벙이는 일. 또는 너무 급박하여 방향을 잡지 못하고 함부로 날뛰는 일. 유의어 天方地方(천방지방).

천붕지통

하늘 천　　무너질 붕　　이조시 지　　아플 통

'하늘이 무너지는 듯한 슬픔'이라는 뜻으로, 제왕이나 부모의 상사를 당한 큰 슬픔.

천생연분

하늘 천　　날 생　　인연 연　　나눌 분

하늘이 미리 마련하여준 인연. 천생배필(天生配匹).

266

천신만고

| 일천 천 | 매울 신 | 일만 만 | 쓸 고 |

마음과 힘을 한없이 수고롭게 하여 애를 씀.

천애지각

| 하늘 천 | 물가 애 | 땅 지 | 뿔 각 |

'하늘의 끝과 땅의 귀퉁이'라는 뜻으로, 아득하게 멀리 떨어져 있음을 일컬음.

천양지차

| 하늘 천 | 흙 양 | 어조사 지 | 다를 차 |

'하늘과 흙만큼 다르다'는 뜻으로, 하늘과 땅 사이처럼 큰 차이. 사물이 서로 엄청나게 다름을 일컬음. 유의어 霄壤之差(소양지차), 雲泥之差(운니지차).

천우신조

| 하늘 천 | 도울 우 | 신 신 | 도울 조 |

'하늘이 돕고 신이 돕는다'는 뜻으로, 생각지 않게 우연히 도움 받는 것을 일컬음.

차

267

천읍지애

하늘 천　울 읍　땅 지　슬플 애

'하늘이 울고 땅이 슬퍼한다'라는 뜻으로, 말할 수 없이 기막힌 슬픔을 일컬음.

천의무봉

하늘 천　옷 의　없을 무　꿰맬 봉

'선녀가 만든 옷은 꿰맨 흔적이 없다'라는 뜻으로, 완벽하거나 작은 흠점도 없는 경우를 일컫는 말.

천인공노

하늘 천　사람 인　함께 공　성낼 노

'하늘과 사람이 함께 노하다'라는 뜻으로, 누구나 분노할 만큼 증오스러움. 도저히 용납할 수 없음의 비유.

천자만홍

일천 천　자줏빛 자　일만 만　붉을 홍

'여러 가지 울긋불긋한 빛깔'이라는 뜻으로, 여러 빛깔의 꽃이 만발함을 일컬음.

차

천장지비

天	藏	地	秘
하늘 천	감출 장	땅 지	숨길 비

'하늘이 감추고 땅이 숨긴다'는 뜻으로, 세상에 묻혀 드러나지 아니함을 일 컬음.

천재일우

千	載	一	遇
일천 천	실을 재	한 일	만날 우

'천 년에 한 번 만난다'라는 뜻으로, 좀처럼 얻기 어려운 좋은 기회나 어쩌다가 혹 한 번 만남을 일컬음. 유의어 千載一時(會)(천재일시(회)).

천재지변

天	災	地	變
하늘 천	재앙 재	땅 지	변할 변

지진이나 홍수 따위의 자연 재앙.

천정부지

天	井	不	知
하늘 천	우물 정	아닐 부	알 지

'천장을 모른다'라는 뜻으로, 물건 값 따위가 한없이 오르기만 함.
<참고> 천정(天井)은 천장(天障)의 잘못. 곧 반자의 겉면.

차

천지개벽

天	地	開	闢
하늘 천	땅 지	열 개	열 벽

'하늘과 땅이 처음으로 열리다'라는 뜻으로, 자연계나 사회의 큰 변동을 비유하는 말.

천지신명

天	地	神	明
하늘 천	땅 지	신 신	밝을 명

천지의 수많은 신들의 조화.

천진난만

天	眞	爛	漫
하늘 천	참 진	빛날 난	질펀할 만

'말이나 행동이 순진하고 참되다'라는 뜻으로, 조금도 꾸밈이 없이 있는 그대로 언행이 나타남.

천편일률

千	篇	一	律
일천 천	책 편	한 일	음률 률

'천 가지 작품이 한 가지 율조'라는 뜻으로, 여러 시문의 격조가 변화가 없이 비슷비슷함.

차

철부지급

수레바퀴 철　　붕어 부　　어조사 지　　급할 급

'수레가 지나간 바퀴자국에 생긴 물웅덩이에 있는 붕어의 위급함'이라는 뜻으로, 눈앞에 닥친 다급한 위기나 처지. 유의어 涸轍鮒魚(학철부어).

    철저마침

쇠 철　　절굿공이 저　　갈 마　　바늘 침

'쇠뭉치를 갈아 바늘을 만든다'라는 뜻으로, 일을 성취하기 위해 모든 정성을 다 기울이는 성실한 모습을 일컬음.

유의어 十伐之木(십벌지목 : 열 번 찍어 안 넘어가는 나무 없다).

    철중쟁쟁

쇠 철　　가운데 중　　쇳소리(징) 쟁　쇳소리(징) 쟁

'쇠 중에서도 쟁쟁하고 울리는 것'이라는 뜻으로, 같은 무리 가운데서 가장 뛰어난 사람의 비유. 유의어 傭中佼佼(용중교교 : 똑같은 물건 가운데 뛰어난 것).

    청백재상

푸를 청　　흰 백　　재상 재　　서로 상

'품행이 순수하고 깨끗한 관리'라는 뜻으로, 맑고 깨끗한 마음으로 재물을 탐하지 않는 벼슬아치. 유의어 淸白吏(청백리).

청산유수

푸를 청 / 뫼 산 / 흐를 유 / 물 수

'푸른 산과 흐르는 물'이라는 뜻으로, 말을 거침없이 잘하는 모양이나 그렇게 하는 말의 비유.

청운지지

푸를 청 / 구름 운 / 어조사 지 / 뜻 지

'청운의 뜻'이라는 뜻으로, 고결하여 속세를 벗어나고 싶은 마음. 또는, 큰 공을 세우고자 하는 뜻. 입신출세(立身出世)를 바라는 마음. 유의어 靑雲之士(청운지사)

청천백일

푸를 청 / 하늘 천 / 흰 백 / 날 일

'맑게 갠 하늘에서 밝게 비치는 해'라는 뜻으로, 환하게 밝은 대낮, 또는 죄의 혐의가 모두 풀려 뒤가 깨끗함. 곧, 결백함의 비유.

청천벽력

푸를 청 / 하늘 천 / 벼락 벽 / 벼락 력

'맑게 갠 하늘의 날벼락'이라는 뜻으로, 뜻밖에 일어난 큰 변동. 전혀 예상치 못한 재난이나 변고를 일컬음.

青	出	於	藍	청출어람
푸를 청	날 출	어조사 어	쪽 람	

'쪽풀[藍]에서 나온 푸른 물감이 쪽빛보다 더 푸르다'라는 뜻으로, 제자가 스승보다 더 나음을 일컫는 말. 유의어 出藍之譽(출람지예), 青於藍(청어람).

清	風	明	月	청풍명월
맑을 청	바람 풍	밝을 명	달 월	

'맑은 바람과 밝은 달'이라는 뜻으로, 초가을 밤의 싱그러운 느낌. 풍자와 해학으로 세상사를 논함을 비유하여 일컬음. 조용히 술을 마신다는 뜻으로도 쓰임. 유의어 清風朗月(청풍낭월), 仲秋明月(중추명월).

草	根	木	皮	초근목피
풀 초	뿌리 근	나무 목	껍질 피	

'풀뿌리와 나무껍질'이라는 뜻으로, 영양가 적은 거친 음식을 일컬음. 한약의 재료가 되는 물건.

草	綠	同	色	초록동색
풀 초	푸를 록	같을 동	빛 색	

'풀과 녹색은 서로 같은 빛이다'라는 뜻으로, 같은 종류끼리 서로 잘 어울림. 또는, 이름은 다르나 따지고 보면 한가지라는 말.

초목개병

풀 초　나무 목　다 개　병사 병

'(적을 두려워하여) 수풀이 다 적의 군사로 보인다'는 뜻으로, 어떤 일에 크게 놀라 신경이 예민해지는 것의 비유.

초미지급

그슬릴 초　눈썹 미　어조사 지　급할 급

눈썹이 타고 곧 얼굴이 타게 될 매우 위급함의 비유.
유의어 燒眉之急(소미지급), 燃眉之急(연미지급).

초지일관

처음 초　뜻 지　한 일　꿰맬 관

처음에 먹은 마음을 끝까지 관철함.

촌철살인

마디 촌　쇠 철　죽일 살　사람 인

'한 치밖에 안 되는 칼로 사람을 죽인다'는 뜻으로, 간단한 경구(警句)나 단어로 사물의 급소를 찌름의 비유.

차

추상열일

가을 추　서리 상　세찰 열(렬)　날 일

'가을의 찬 서리와 여름의 뜨거운 해'라는 뜻으로, 형벌이 매우 엄정하고 권위가 있음을 일컬음.

    추원보본

따를 추　멀 원　갚을 보　근본 본

조상의 덕을 추모하는 제사를 지내고 자기의 태어난 근본을 잊지 않고 은혜를 갚음.

    추월한강

가을 추　달 월　찰 한　강 강

'가을 달과 차가운 강물'이라는 뜻으로, 덕이 있는 사람의 맑고 깨끗한 마음을 일컬음.

    추풍낙엽

가을 추　바람 풍　떨어질 낙(락)　잎 엽

'가을바람에 흩어져 떨어지는 낙엽'이라는 뜻으로, 낙엽처럼 세력 같은 것이 시들어 우수수 떨어짐의 비유.

차

275

춘란추국

| 봄 춘 | 난초 란(난) | 가을 추 | 국화 국 |

'봄의 난초와 가을의 국화'라는 뜻으로, 그 특색이 어느 것이 더 낫다고 말할 수 없는 처지를 일컬음.

   춘수모운

| 봄 춘 | 나무 수 | 저물 모 | 구름 운 |

'봄철의 나무와 저물 무렵의 구름'이라는 뜻으로, 멀리 있는 벗을 그리워함을 비유하여 일컬음.

    춘추필법

| 봄 춘 | 가을 추 | 붓 필 | 법 법 |

『춘추(春秋)』에 필삭(筆削)을 더한 비판 방법'이라는 뜻으로, 대의명분을 밝혀 세우는 사필(史筆)의 논법. 공정한 태도로 준엄하게 비판하는 것.

    춘풍추우

| 봄 춘 | 바람 풍 | 가을 추 | 비 우 |

'봄바람과 가을비'라는 뜻으로, 지나간 세월을 일컬음.

차

충성 충   **말씀 언**   **거스를 역**   **귀 이**   충언역이

'바른말은 귀에 거슬린다'라는 뜻으로, 충직한 말은 귀에 거슬리어 불쾌함을 일컬음. 유의어 諫言逆耳(간언역이), 良藥苦口(양약고구 : 좋은 약은 입에 쓰다).

불 취   **털 모**   **찾을 멱**   **흠(허물) 자**   취모멱자

'털을 불어가며 작은 허물이라도 찾으려 한다'는 뜻으로, 억지로 남의 작은 허물을 들추어냄을 일컬음. 유의어 吹毛求疵(취모구자).

취할 취   **버릴 사**   **가릴 선**   **가릴 택**   취사선택

취할 것은 취하고 버릴 것은 버려서 골라잡음.

취할 취   **날 생**   **꿈 몽**   **죽을 사**   취생몽사

'술에 취한 듯 살다가 꿈을 꾸듯이 죽는다'는 뜻으로, 아무 뜻 없이 한평생 흐리멍덩하게 살아감을 비유하여 일컬음.

차

측은지심

슬퍼할 측　숨을 은　어조사 지　마음 심

'측은하게 여기는 마음'이라는 뜻으로, 사단(四端)의 하나. 남의 불행을 불쌍히 여기고 깊이 동정하는 마음.

    치인설몽

어리석을 치　사람 인　말씀 설　꿈 몽

'어리석은 사람에게 꿈 이야기를 해준다'라는 뜻으로, 종잡을 수 없는 말. 즉, 꿈에 본 이야기를 하면 어리석은 사람은 그것을 사실인 줄 알고 엉뚱하게 전한다는 것임.

    치지도외

둘 치　어조사 지　법도 도　바깥 외

'법도 바깥에 둔다'는 뜻으로, 그냥 내버려 두고 문제 삼지 않음. 염두에 두지 않는다는 뜻.

    칠거지악

일곱 칠　버릴 거　어조사 지　악할 악

'아내를 버릴 수 있는 일곱 가지 죄악'이라는 뜻으로, (지난날 유교적 관념에서 이르던) 아내를 버릴 수 있는 이유가 되는 일곱 가지, '시부모에게 불순한 경우, 자식을 낳지 못하는 경우, 음탕한 경우, 질투하는 경우, 나쁜 병이 있는 경우, 말이 많은 경우, 도둑질한 경우'를 일컬음.

칠전팔기

일곱 칠　넘어질 전　여덟 팔　일어날 기

'일곱 번 넘어지고 여덟 번 일어난다'는 뜻으로, 여러 번의 실패에도 굽히지 않고 분투한다는 말.

<참고> 七顚八倒(칠전팔도 : '일곱 번 넘어지고 여덟 번 거꾸러진다'는 뜻으로, 어려운 고비를 많이 겪음).

    칠종칠금

일곱 칠　놓을 종　일곱 칠　사로잡을 금

'일곱 번 놓아주고 일곱 번 사로잡는다'는 뜻으로, 마음대로 잡았다 놓아주었다 함의 비유. 즉 무슨 일을 제 마음대로 함을 일컬음.

<참고> 제갈량이 맹획을 사로잡았다 놓아준 고사.

    침소봉대

바늘 침　적을 소　몽둥이 봉　큰 대

'바늘만한 것을 몽둥이만하다고 한다'라는 뜻으로, 작은 일을 크게 허풍을 떨어 말함.

    침어낙안

잠길 침　물고기 어　떨어질 낙　기러기 안

'물고기가 잠기고 기러기가 떨어진다'는 뜻으로, 너무나 아름다워 물고기가 물 속으로 숨어들고 기러기는 황홀해서 하늘에서 떨어져 버릴 정도로 아름다운 미인을 일컬음.

침윤지참

잠길 침　　젖을 윤　　어조사 지　　헐뜯을 참

물이 서서히 표 안 나게 스며들 듯 어떤 상대를 중상 모략함을 일컬음.

<참고> 膚受之愬(부수지소 : 듣는 사람이 피부를 송곳으로 찌르듯 이성을 잃게 만드는 그런 충격적인 호소).

차

쾌도난마

쾌할 쾌　칼 도　어지러울 난　삼 마

'잘 드는 칼로 엉클어진 삼실을 자른다'는 뜻으로, 어지럽게 뒤얽힌 사물이나 말썽거리 사건 따위를 단번에 시원하게 처리함의 비유.

 쾌인쾌사

쾌할 쾌　사람 인　쾌할 쾌　일 사

시원시원한 사람의 시원시원한 행동을 일컬음.시원시원한 사람의 시원시원한 행동을 일컬음.

타산지석

| 다를 타 | 뫼 산 | 어조사 지 | 돌 석 |

'남의 산에 있는 하찮은 돌도 자기의 옥(玉)을 가는 데 쓰인다'는 뜻으로, 다른 사람의 하찮은 언행일지라도 자기의 지식이나 인격을 닦는데 도움이 된다는 말. 쓰기에 따라 유용한 것도 될 수 있음의 비유. 유의어 切磋琢磨(절차탁마).

    타초경사

| 칠 타 | 풀 초 | 놀랄 경 | 뱀 사 |

'풀밭을 두들겨서 뱀을 놀라게 한다'는 뜻으로, 갑(甲)을 혼내줌으로써 을(乙)에게 깨우침을 준다는 말. 일처리가 치밀하지 못하여 남의 경계심을 일으키게 하는 행동의 비유.

    탄지지간

| 탄알 탄 | 손가락 지 | 어조사 지 | 사이 간 |

'손가락으로 튕길 사이'라는 뜻으로, 아주 짧은 동안. 또는 세월이 아주 빠름을 일컫는 말.

     탈토지세

| 벗을 탈 | 토끼 토 | 어조사 지 | 기세 세 |

'우리를 빠져나와 도망가는 토끼의 기세'라는 뜻으로, 신속하고 민첩함을 비유하여 일컫는 말.

타

탐관오리

| 탐낼 탐 | 벼슬 관 | 더러울 오 | 관리 리 |

'탐관과 오리'라는 뜻으로, 탐욕이 많고 행실이 깨끗하지 못한 관리를 일컬음.
반의어 *淸白吏*(청백리).

   탐화봉접

| 탐할 탐 | 꽃 화 | 벌 봉 | 나비 접 |

'꽃을 찾아다니는 벌과 나비'라는 뜻으로, 여색을 좋아하는 사람을 일컫는 말.

    탕척서용

| 쓸어버릴 탕 | 씻을 척 | 차례 서 | 쓸 용 |

죄명이나 전과 따위를 깨끗이 씻어 주고 다시 등용함.

타

     태강즉절

| 클 태 | 굳셀 강 | 곧 즉 | 꺾을 절 |

너무 세거나 뻣뻣하면 꺾어지기 쉬움을 일컬음.

태산북두

클 태	뫼 산	북녘 북	말 두

'태산과 북두칠성'이라는 뜻으로, 중국 제일의 명산인 '태산과 북두칠성'. 세상 사람들로부터 가장 우러러 존경받는 사람을 일컬음.

유의어 山斗(산두), 泰斗(태두).

    토붕와해

흙 토	무너질 붕	기와 와	흩어질 해

'흙이 무너지고 기와가 깨진다'는 뜻으로, 사물이 여지없이 무너져 손댈 수 없게 됨을 일컬음.

    토사구팽

토끼 토	죽을 사	개 구	삶을 팽

'토끼가 죽어 없어지면 토끼를 잡던 사냥개가 필요 없어지므로 삶아 먹힌다'는 뜻으로, 필요할 때 요긴하게 쓰던 사람이나 물건이 필요 없어지면 버림을 받게 되는 경우. 유의어 狡兎死走狗烹(교토사주구팽).

    토영삼굴

토끼 토	경영할 영	석 삼	굴 굴

'토끼가 위난을 피하려고 구멍을 세 개 판다'는 뜻으로, 자신의 안전을 위해 미리 몇 가지의 술책을 짜 놓음.

타

토진간담

토할 토	다할 진	간 간	쓸개 담

'간과 쓸개를 다 토해낸다'는 뜻으로, 실정(實情)을 숨김없이 다 털어놓음.

    토포악발

토할 토	먹일 포	쥘 악	터럭 발

'먹는 중에도 뱉어내고 감고 있던 머리를 거머쥐다'는 뜻. 어진 사람을 우대하기에 몹시 바쁜 모양으로, 정무(政務)를 보살피기에 잠시도 편안함이 없음. 또 훌륭한 인물을 잃는 것을 우려함.

    투서기기

던질 투	쥐 서	꺼릴 기	그릇 기

'쥐를 잡으려 하나 그 옆에 있는 그릇을 깨뜨릴까 염려한다'라는 뜻으로, 간신을 제거하려 하나 임금께 해를 끼칠까 두려워함을 일컬음.

    투필성자

던질 투	붓 필	이룰 성	글자 자

글씨에 능한 사람은 정성을 들이지 아니하고 붓을 던져도 글씨가 잘 된다는 말.

타

파경부조

깨뜨릴 파 　 거울 경 　 아닐 부 　 비출 조

'깨어진 거울'이라는 뜻으로, 깨어진 거울은 다시 비출 수 없다.

유의어 **破鏡**(파경 : 부부의 금실이 좋지 않아 이별하게 되는 일. 한 번 헤어진 부부는 다시 결합하기 어려움. 또는, 이지러진 달을 비유한 말).

    파과지년

깨뜨릴 파 　 참외 과 　 어조사 지 　 해 년

'참외를 깨는 나이'라는 뜻으로, 여자의 나이 16세(첫 월경이 있게 되는 나이). 또는, 남자의 64세(瓜자를 파자하면 八八이 되는 데서 연유함).

    파란만장

물결 파 　 큰 물결 란 　 일만 만 　 길이 장

'물결의 흐름이 매우 높다'라는 뜻으로, 생활이나 일의 진행에 있어 몹시 기복이나 변화가 심함을 일컬음.

    파벽비거

깨뜨릴 파 　 바람벽 벽 　 날 비 　 갈 거

벽을 뚫고 날아간다. '용에 눈동자를 그려 넣자, 벽을 부수고 날아갔다[화룡점정(畵龍點睛)]'는 뜻으로, 갑자기 출세한 사람의 비유. 유의어 **破僻**(파벽 : 드문 성씨 또는 양반이 없는 시골에서 인재가 나와 본래의 미천한 상태를 면하게 됨).

파

破 邪 顯 正　　파사현정

깨뜨릴 파　간사할 사　나타날 현　바를 정

사악한 것을 깨뜨리고 올바른 도리를 뚜렷이 드러냄.

 破 竹 之 勢　　파죽지세

깨뜨릴 파　대나무 죽　어조사 지　기세 세

'대나무를 쪼개는 기세'라는 뜻으로, 세력이 강대하여 적을 거침없이 물리치고
쳐들어가는 당당한 기세를 일컬음.

 八 方 美 人　　팔방미인

여덟 팔　방향 방　아름다울 미　사람 인

'어느 모로 보나 아름다운 미인'이라는 뜻으로, ① 여러 방면에 능통한 사람.
② 주관이 없이 누구에게나 잘 보이도록 처세하는 사람을 얕잡아 이르는 말.
③ 어떤 일에나 두루 조금씩 손대거나 관여하는 사람을 조롱하여 이르는 말.

平 地 風 波　　평지풍파

평평할 평　땅 지　바람 풍　물결 파

'평지에 풍파가 인다'는 뜻으로, 까닭 없이 일을 시끄럽게 만들거나 뜻밖에 분
쟁을 일으켜 일을 난처하게 만듦을 일컬음.

파

포락지형

| 구울 포 | 지질 락 | 어조사 지 | 형벌 형 |

'산 사람을 굽고 지지는 형벌'이라는 뜻으로, 가혹한 형벌의 비유. 은나라 주왕(紂王) 때의 화형(火刑).

    포복절도

| 안을 포 | 배 복 | 끊을 절 | 넘어질 도 |

'배를 안고 넘어진다'는 뜻으로, 매우 우스워서 요란하게 웃는 웃음. 또는 그 웃는 모습. 유의어 **捧腹大笑**(봉복대소), **捧腹絶倒**(봉복절도).

    포호빙하

| 사나울 포 | 범 호 | 탈 빙 | 강이름 하 |

'맨주먹으로 범을 잡고 걸어서 강(황하)을 건넌다'는 뜻으로, 무모한 만행을 부림의 비유. 매우 위험한 행동의 비유.

반의어 **戰戰兢兢**(전전긍긍 : 매우 두려워하며 조심함).

    표리부동

| 겉 표 | 속 리 | 아닐 부 | 한가지 동 |

마음이 음충맞아서 겉과 속이 다름을 일컬음.

표사유피

표범 표　　죽을 사　　남길 유　　가죽 피

'표범은 죽으면 가죽을 남긴다'는 뜻으로, 사람은 죽어서 명예를 남겨야 함의
비유.

    풍비박산

바람 풍　　날 비　　우박 박　　흩어질 산

사방으로 날아 흩어짐.

    풍성학려

바람 풍　　소리 성　　학 학　　울 려

'바람 소리와 학의 울음소리'라는 뜻으로, 겁을 먹은 사람은 하찮은 일이나 작
은 소리에도 몹시 놀람의 비유.

    풍수지탄

바람 풍　　나무 수　　어조사 지　　탄식할 탄

'나무는 고요히 있기를 원하나 바람이 부는 것에 대한 한탄'이라는 뜻으로,
어버이가 돌아가시어 효도하고 싶어도 할 수 없는 슬픔. 또는, 어찌할 수 없
는 한탄.

파

풍전등화

| 바람 풍 | 앞 전 | 등불 등 | 불 화 |

'바람 앞의 등불'이라는 뜻으로, 매우 위급한 처지에 있음. 또는, 사물의 덧없음을 일컬음. 유의어 風前燈燭(풍전등촉), 風中之燈(풍중지등).

    풍찬노숙

| 바람 풍 | 먹을 찬 | 이슬 노(로) | 잘 숙 |

'바람과 이슬을 맞으며 한데서 먹고 잔다'라는 뜻으로, 떠돌아다니며 모진 고생을 함을 일컬음.

    필마단창

| 짝 필 | 말 마 | 홑 단 | 창 창 |

'한 필의 말과 한 자루의 창'이라는 뜻으로, 간단한 무장을 일컬음.
유의어 匹馬單騎(필마단기 : 혼자 한 필의 말을 타고 감).

    필부지용

| 짝 필 | 사내 부 | 어조사 지 | 날랠 용 |

'소인배의 혈기로 덤비는 용기'라는 뜻으로, 좁은 소견에 계획도 방법도 없이 혈기만 믿고 함부로 덤비는 소인배의 용기를 일컬음.

파

夏 여름 하　葛 칡 갈　冬 겨울 동　裘 가죽 구　하갈동구

'여름의 베옷과 겨울의 가죽옷'이라는 뜻으로, 격에 맞음을 일컬음.

下 아래 하　堂 집 당　迎 맞을 영　之 어조사 지　하당영지

'마당에 내려와서 맞는다'라는 뜻으로, 반갑게 맞이하거나 공경함을 일컬음.

夏 여름 하　爐 화로 로　冬 겨울 동　扇 부채 선　하로동선

'여름의 화로와 겨울의 부채'라는 뜻으로, 철에 맞지 않거나 격에 어울리지 않는 쓸데없는 사물의 비유.

반의어 夏葛冬裘(하갈동구), 夏扇冬曆(하선동력 : 여름철의 부채와 겨울철의 달력).

下 아래 하　石 돌 석　上 위 상　臺 돈대 대　하석상대

'아랫돌을 빼서 윗돌을 괴고 윗돌 빼서 아랫돌 괸다'라는 뜻으로, 임시변통으로 이리저리 둘러맞춤을 일컬음.

하청해안

| 강 하 | 맑을 청 | 바다 해 | 편안할 안 |

황하의 흙탕물이 맑아지고, 바다가 고요함. 태평세월이 오기를 기원함.

    하청난사

| 강이름 하 | 맑을 청 | 어려울 난 | 기다릴 사 |

'황하가 맑아지기를 기다리기는 어렵다'라는 뜻으로, 아무리 바라고 기다려도 실현될 가망이 없음을 일컬음. 유의어 百年河淸(백년하청).

    하학상달

| 아래 하 | 배울 학 | 위 상 | 통달할 달 |

'밑에서부터 차츰 배워 위에까지 도달한다'라는 뜻으로, 주변에서부터 배우기 시작하여 깊고 어려운 것을 깨달음.

    하해지택

| 강이름 하 | 바다 해 | 어조사 지 | 혜택 택 |

하해와 같이 넓고 큰 은혜를 일컬음.

鶴	首	苦	待	학수고대
학 학	머리 수	쓸 고	기다릴 대	

'학처럼 목을 빼고 기다린다'는 뜻으로, 몹시 기다림을 일컬음.

學	而	時	習	학이시습
배울 학	말이을 이	때 시	익힐 습	

배우고 때로 익힌다.
<참 고> 學而時習之 不亦說乎(학이시습지 불역열호):배우고 때로 익히면 또한 기쁘지 아니하냐.

涸	轍	鮒	魚	학철부어
물마를 학	바퀴자국 철	붕어 부	물고기 어	

'수레바퀴 자국의 괸 물에 있는 붕어'라는 뜻으로, 아주 위급한 처지에 있거나
고단하고 생활이 어려운 사람을 일컬음.

유의어 轍鮒之急(철부지급), 涸轍之鮒(학철지부)

漢	江	投	石	한강투석
한수 한	강 강	던질 투	돌 석	

'한강에 돌 던지기'라는 뜻으로, 아무리 해도 헛될 일을 하는 어리석은 행동을
일컬음.

하

한단지몽

땅이름 한	나라이름 단	어조사 지	꿈 몽

'노생이 한단에서 여옹의 베개를 베고 자다 꾼 꿈'이라는 뜻으로, 인생의 부귀 영화가 덧없음을 비유한 말. [노생(盧生)이 한단에서 여옹(呂翁)의 베개를 베고 자다 꿈을 꾼 고사에서 유래.] 유의어 一枕之夢(일침지몽), 一炊之夢(일취지몽)

 한단지보

땅이름 한	나라이름 단	어조사 지	걸음 보

'한단에 가서 걷는 방법을 배운다'라는 뜻으로, 연나라의 한 청년이 한단에 가서 걷는 방 법을 배우려다가 본래의 걸음걸이까지도 잊어버리고 기어 돌아왔다는 고사에서 유래, 자기의 분수를 잊고 함부로 남의 흉내를 내다보면 이것도 저것도 다 잃는다는 말.

 한천작우

가물 한	하늘 천	지을 작	비 우

'가문 여름 하늘에 비를 만들다'라는 뜻으로, 가문 한여름에 백성들의 간절한 뜻에 따라 하늘이 비를 내리게 한다. 곧, 어지러운 세상이 계속되고 백성이 도 탄에 빠지면, 하늘이 백성의 뜻을 살펴 비를 내린다는 말.

 함흥차사

다 함	일 흥	어긋날 차	사신 사

심부름 간 사람이 돌아오지 않거나 소식이 없음을 일컬음.

합종연횡

합할 합　　세로 종　　잇닿을 연　　저울대 횡(형)

'종(남북)으로 합치고 횡(동서)으로 잇대다'라는 뜻으로, 중국 전국 시대 때 소진
의 합종설과 장의의 연횡설로서, 여러 가지 외교 수단을 동원하여 정략(政略)을
꾸미는 일.

 항룡유회

오를 항　　용 룡(용)　　있을 유　　뉘우칠 회

'하늘 끝까지 다다른 용에게는 후회가 뒤따른다(내려갈 길밖에 없음을 후회한다)'는
뜻으로, 만족할 줄 모르고 무작정 밀고 나가다가 오히려 실패하게 됨의 비유.
반의어 潛龍(잠룡).

 해로동혈

함께 해　　늙을 로　　한가지 동　　구멍 혈

'살아서는 함께 늙으며 죽어서는 한 무덤에 묻힌다'는 뜻으로, 부부 사랑의 굳
은 맹세를 일컬음.

 해망구실

게 해　　그물 망　　갖출 구　　잃을 실

'게와 그물을 다 잃었다'는 뜻으로, 이익을 보려다가 도리어 밑천까지 잃어버림
을 일컬음.

하

해어지화

이해할 해　　말씀 어　　어조사 지　　꽃 화

'말을 알아듣는 꽃'이라는 뜻으로, 미인을 일컬음. 또는 화류계의 여인을 일컫기도 함.

   해의추식

풀 해　　옷 의　　옮을 추　　밥 식

'자기의 밥과 옷을 남에게 준다'는 뜻으로, 은혜를 베푸는 것을 일컬음.

    행로지인

갈 행　　길 로　　어조사 지　　사람 인

'길에서 만난 사람'이라는 뜻으로, 아무 상관 없는 사람을 일컬음.

    행방불명

갈 행　　모 방　　아닐 불　　밝을 명

하

간 곳이 분명하지 않음. 간 곳을 모름.

 행운유수

갈 행　구름 운　흐를 유　물 수

'떠가는 구름과 흐르는 물'이라는 뜻으로, 일처리가 막힘이 없거나, 마음씨가 시원하고 씩씩함. 또는 어떤 것에도 구애됨이 없는 자유로운 삶의 비유.

 허심탄회

빌 허　마음 심　평탄할 탄　풀 회

아무런 거리낌 없이 솔직한 태도로 생각을 터놓고 말함.

 허장성세

빌 허　베풀 장　소리 성　기세 세

실력이나 실속도 없이 헛소문과 허세만 떠벌림.

 허허실실

빌 허　빌 허　열매 실　열매 실

'공허와 충실, 거짓과 참'이라는 뜻으로, 적의 약점을 겨냥해, 즉 허실의 계책을 다해서 싸우는 모양.

 하

혈구지도

헤아릴 혈　　곱자 구　　어조사 지　　길 도

'자를 재는 방법'이라는 뜻으로, 내 처지를 생각해서 남의 처지를 헤아림을 일 컬음.

    형설지공

반딧불이 형　　눈 설　　어조사 지　　공로 공

'반딧불과 눈[雪] 빛으로 공부한 공'이라는 뜻으로, 온갖 고생을 하며 공부해서 얻은 성공(좋은 결과)을 일컬음. 유의어 懸頭刺股(현두자고 : 상투를 들보에 매달아[懸頭] 잠을 쫓고, 송곳으로 허벅지를 찌르며[刺股] 공부함).

    호가호위

여우 호　　거짓 가　　범 호　　위엄 위

'여우가 호랑이의 위엄을 빌어 제 위엄으로 삼는다'는 뜻으로, 남의 권세를 빌 어 위세를 부림의 비유. 유의어 假虎爲狐(가호위호), 晏子之御(안자지어 : 재상 안자의 말을 부리는 사람의 위세. 곧 하찮은 지위에 만족하여 뻐기는 못난 사람의 비유).

    호각지세

서로 호　　뿔 각　　어조사 지　　기세 세

'소가 서로 뿔을 맞대고 싸우는 형세'라는 뜻으로, 우열을 가리기 힘들 정도로 대등하게 겨루고 있는 모습.

壺	裏	乾	坤	호리건곤
단지 호	속 리	하늘 건	땅 곤	

'술단지 속의 하늘과 땅(해와 달, 밤과 낮)'이라는 뜻으로, 항상 술에 취해 있음을 일컬음.

狐	死	首	丘	호사수구
여우 호	죽을 사	머리 수	언덕 구	

'여우가 죽을 때 머리를 제가 살던 언덕으로 돌린다'는 뜻으로, 죽을 때라도 근본을 잊지 않는다는 말. 고향을 그리워함의 비유.

유의어 首丘初心(수구초심), 狐死首丘之情(호사수구지정).

虎	視	耽	耽	호시탐탐
범 호	볼 시	즐길 탐	즐길 탐	

'범이 먹이를 탐내어 노려본다'는 뜻으로, 욕망을 채우기 위해 기회를 노리고 정세를 관망함. 또는, 그런 모양.

浩	然	之	氣	호연지기
넓을 호	그러할 연	어조사 지	기운 기	

'하늘과 땅 사이에 가득찬 넓고도 큰 기운'이라는 뜻으로, 도의에 뿌리를 두고 공명정대하여 조금도 부끄러울 바 없는 도덕적 용기. 사물에서 해방되어 자유스럽고 유쾌한 마음을 일컬음.

하

호의호식

| 좋을 호 | 옷 의 | 좋을 호 | 밥 식 |

좋은 옷을 입고 좋은 음식을 먹으며 잘 삶. 부유한 생활을 함.

    호접지몽

| 오랑캐 호 | 나비 접 | 어조사 지 | 꿈 몽 |

'나비가 된 꿈'이라는 뜻으로, 인생의 덧없음의 비유. 인생관과 우주관을 동시에 말해주는 말. 장자가 꿈에, '자신이 나비가 된 것인지 나비가 자신인지 모를 만큼 즐거이 놀았다'는 고사에서, 현실과 꿈이 뒤섞여서 무엇이 현실이고 무엇이 꿈인지를 분간하기 어려움의 비유.

    혹세무민

| 미혹할 혹 | 세상 세 | 속일 무 | 백성 민 |

세상 사람을 미혹시키고 속임.

    혼정신성

| 어두울 혼 | 정할 정 | 새벽 신 | 살필 성 |

'저녁에는 잠자리를 정하고 이른 아침에는 살핀다'라는 뜻으로, 아침저녁으로 어버이의 안부를 물어서 살핌을 일컬음.

홍로점설

붉을 홍 　 화로 로 　 점 점 　 눈 설

'벌겋게 단 화로에 내리는 한 점의 눈'이라는 뜻으로, 엄청나게 큰 일에 작은 힘이 아무런 표시도 나지 않음의 비유. 또는 도(道)를 깨달아 마음이 확 트임을 일컬음.

    홍익인간

넓을 홍 　 더할 익 　 사람 인 　 사이 간

'널리 인간을 이롭게 한다'라는 뜻. 『삼국유사』에 나오는 단군의 건국이념으로 우리나라 정치, 교육의 기본 정신.

    화광동진

고를 화 　 빛 광 　 한가지 동 　 티끌 진

'빛을 부드럽게 하여 주변의 먼지와 같게 한다(세상 사람들과 함께 어울린다)'는 뜻으로, 자기 자신의 재주를 감추고 세속을 좇음. 불교에서, 부처·보살의 중생을 제도하기 위해 본색을 감추고 인간계에 섞여 나타나는 것을 일컬음. 유의어 同其塵(동기진).

    화룡점정

그림 화 　 용 룡(용) 　 점 점 　 눈동자 정

'용을 그릴 때 마지막에 눈을 그려 완성한다'는 뜻으로, 사물의 가장 요긴한 곳. 가장 요긴한 부분을 마치어 일을 완성시킴을 일컬음.

화무십일

花	無	十	日
꽃 화	없을 무	열 십	날 일

'열흘 붉은 꽃이 없다'라는 뜻으로, 한 번 성한 것은 얼마 못가서 반드시 쇠하여 짐의 비유.

화복무문

禍	福	無	門
재난 화	복 복	없을 무	문 문

'화나 복이 오는 문은 정해져 있지 않다'는 뜻으로, 스스로 악한 일을 하면 그것은 화가 들어오는 문이 되고, 착한 일을 하면 그것이 복이 들어오는 문이 된다는 말.

화사첨족

畫	蛇	添	足
그림 화	뱀 사	더할 첨	발 족

'뱀을 그리다가 실물에도 없는 발을 그려 넣어서 원래 모양과 다르게 되었다'는 뜻으로, 쓸데없는 군일을 하다가 도리어 실패함. 무용지물(無用之物)의 비유.

화서지몽

華	胥	之	夢
빛날 화	서로 서	어조사 지	꿈 몽

'화서 나라의 꿈을 꾼다'는 뜻으로, 좋은 꿈이나 낮잠을 일컬음. 황제가 화서의 나라로 가서 진리를 깨닫게 되었다는 고사에서 좋은 꿈을 가리킴.

유의어 華胥之國(화서지국).

화씨지벽

화할 화　성씨 씨　어조사 지　둥근옥 벽

'화씨가 발견한 구슬'이라는 뜻으로, 천하제일의 보배로운 구슬을 일컬음.

화용월태

꽃 화　얼굴 용　달 월　모양 태

'꽃 같은 얼굴과 달 같은 자태'라는 뜻으로, 아름다운 여자의 얼굴과 맵시를 일컬음.

화이부동

화할 화　말이을 이　아닐 부　한가지 동

'남과 사이좋게 지내되 의(義)를 굽혀 좇지는 아니한다'라는 뜻으로, 남과 화목하게 지내지만 자기의 중심과 원칙을 잃지 않음을 일컬음.

화중지병

그림 화　가운데 중　어조사 지　떡 병

하

'그림의 떡'이라는 뜻으로, 아무리 탐이 나도 차지하거나 이용할 수 없음의 비유. 유의어 畫餠(화병).

환골탈태

換	骨	奪	胎
바꿀 환	뼈 골	빼앗을 탈	아이밸 태

'뼈를 바꾸고 태를 빼앗는다'는 뜻으로, 얼굴이 전보다 변해 아름답게 됨. 또는, 남의 시나 문장 따위의 발상이나 표현을 본뜨되, 자기 나름의 창의(創意)를 보태어 자작(自作)처럼 꾸밈을 일컬음.

    환난상구

患	難	相	救
근심 환	어려울 난	서로 상	구할 구

환난을 당하여 근심과 재앙을 서로 구하여 줌.

    환과고독

鰥	寡	孤	獨
홀아비 환	과부 과	홀로 고	홀로 독

'의지할 데 없는 외로운 사람'이라는 뜻으로, '늙고 아내 없는 홀아비, 늙고 남편 없는 과부, 어리고 부모 없는 아이, 늙고 자식 없는 사람'을 가리키는 말.

유의어 無告之民(무고지민 : 고아나 과부, 늙은이처럼 어려운 백성).

    환해풍파

宦	海	風	波
벼슬 환	바다 해	바람 풍	물결 파

하

벼슬살이에서 겪는 갖가지 험난한 일.

황당무계

| 거칠 황 | 당나라 당 | 없을 무 | 상고할 계 |

'말이 허황되고 터무니없다'는 뜻으로, 말이나 생각이 두서가 없고 엉터리여서 종잡을 수가 없음. 황당지언(荒唐之言)과 무계지언(無稽之言)이 합하여 이루어진 말. 유의어 荒唐之言(황당지언 : 터무니없는 허황한 말), 荒唐之說(황당지설).

    회자인구

| 회칠 회 | 고기 구울 자 | 사람 인 | 입 구 |

널리 칭찬을 받아 사람들의 입에 오르내리다.

    회자정리

| 모을 회 | 놈 자 | 정할 정 | 떠날 리 |

'만나는 사람은 반드시 헤어질 운명에 있다'는 뜻으로, 인생의 무상함을 일컬음.

    횡설수설

| 가로 횡 | 말씀 설 | 더벅머리 수 | 말씀 설 |

조리가 없는 말로 이러쿵저러쿵 함부로 지껄임.

하

후목분장

| 썩을 후 | 나무 목 | 똥 분 | 담 장 |

'조각할 수 없는 썩은 나무와 고쳐 칠할 수 없는 썩은 담'이라는 뜻으로, 정신이 썩은 쓸모없는 사람의 비유.

    후생가외

| 뒤 후 | 날 생 | 옳을 가 | 두려워할 외 |

'젊은 후배들은 두려워할 만하다'라는 뜻으로, 젊은이는 장차 얼마나 큰 역량을 나타낼지 모르기 때문에 함부로 대하기가 어렵다는 말.

    후안무치

| 두터울 후 | 얼굴 안 | 없을 무 | 부끄러울 치 |

'얼굴 거죽이 두꺼워 자신의 부끄러움도 돌아보지 않는다'라는 뜻으로, 뻔뻔스러워 부끄러워할 줄을 모름을 일컬음. 유의어 鐵面皮(철면피), 强顔女子 (강안여자 : 수치를 모르는 뻔뻔스러운 여자. 낯가죽이 두꺼운 여자).

    후회막급

| 뒤 후 | 뉘우칠 회 | 없을 막 | 미칠 급 |

일이 잘못된 뒤에는 아무리 뉘우쳐도 소용이 없음을 일컬음.

하

훼장삼척

주둥이 훼	길 장	석 삼	자 척

'주둥이가 석 자라도 변명할 수가 없다'라는 뜻으로 허물이 드러나서 숨겨 감출 수가 없음을 일컬음.

흉악무도

흉할 흉	악할 악	없을 무	길 도

성질이 거칠고 사나우며 도의심이 없음을 일컬음.

흥망성쇠

일 흥	망할 망	성할 성	쇠할 쇠

흥하고 망하고 성하고 쇠함. 사람의 운수는 돌고 돌아 늘 변한다. [흥망성쇠와 부귀빈천이 물레바퀴 돌 듯 한다.]

흥미진진

일 흥	맛 미	나루 진	나루 진

흥취가 넘칠 만큼 많음.

하

흥진비래

| 일 흥 | 다할 진 | 슬플 비 | 올 래 |

'즐거운 일이 다하고 슬픈 일이 닥쳐온다'라는 뜻으로, 세상이 돌고 돌아 순화 됨을 가리키는 말. 유의어 苦盡甘來(고진감래 : 고생 끝에 즐거움이 옴).

    희로애락

| 기쁠 희 | 성낼 로 | 슬플 애 | 즐길 락 |

'기쁨과 노여움과 슬픔과 즐거움'이라는 뜻으로, 인간이 갖고 있는 온갖 감정을 일컬음.

    희대미문

| 드물 희 | 대신할 대 | 아닐 미 | 들을 문 |

매우 드물어 좀처럼 들어보지 못함을 일컬음.

하

308